A. DE BREMOND D'ARS

Familles féodales éteintes et oubliées

LES ANCIENS
SEIGNEURS D'ALBIN

(AUJOURD'HUI LA VILLE D'AUBIN DANS L'AVEYRON)

960-1800

Rouergue — Languedoc — Auvergne — Quercy — Touraine
Poitou — Berry — Angoumois et Saintonge

*Patrum non obliviosci nec
nimium meminisse.*

TACITE

DEUXIÈME ÉDITION

PARIS

Librairie spéciale pour l'Histoire de la France et de ses anciennes provinces.

HONORE CHAMPION
9, Quai Voltaire, 9
1905

(Tous droits réservés)

FAMILLES FÉODALES ÉTEINTES & OUBLIÉES

LES ANCIENS

SEIGNEURS D'ALBIN

(AUJOURD'HUI LA VILLE D'AUBIN DANS L'AVEYRON)

960-1800

OUVRAGES DE M. LE COMTE ANATOLE DE BREMOND D'ARS

Historique du 21ᵉ Régiment de Chasseurs à cheval, 1792-1814, par le Général comte DE BREMOND D'ARS. — Souvenirs militaires publiés par le fils de l'auteur. Paris, Honoré Champion, 1903, un vol. in-8º de CCCXIV-350 pages.

Alphabet de l'Art Militaire, de Jean Montgeon de Fléac. Angoulême, G. Chasseignac, 1875, in-8º.

Vie de Mᵐᵉ de la Tour Neuvillars, 1571-1616. Paris, Victor Rétaux, 1889, un vol. in-12 de LXXVII-306 pages.

Biographies Vendéennes. Le Comte Adolphe de Bremond, 1795-1870. Niort, L. Clouzot, 1894, un vol. in-8º.

Les Marins Français dans les derniers combats livrés sur les côtes de Bretagne. Vannes, imp. Lafolye, 1900. Br. in-8º.

Un Fief Saintongeais. Comment on pouvait posséder et parvenir sous l'ancien Régime. Préface de PH. TAMIZEY DE LARROQUE. Paris, H. Champion, 1903, un vol. in-8º de XII-250 pages.

Maison de la Lande (Maine et Anjou), in-8º, Vannes, Imp. Lafolye.

Dix ans d'Exil. Souvenirs d'un Emigré. (Sous presse).

A. DE BREMOND D'ARS

Familles féodales éteintes et oubliées

LES ANCIENS

SEIGNEURS D'ALBIN

(AUJOURD'HUI LA VILLE D'AUBIN DANS L'AVEYRON)

960-1800

Rouergue — Languedoc — Auvergne — Quercy — Touraine
Poitou — Berry — Angoumois et Saintonge

Patrum non oblivisci nec nimium meminisse.

TACITE

DEUXIÈME ÉDITION

PARIS

Librairie spéciale pour l'Histoire dé la France et de ses anciennes provinces.

HONORÉ CHAMPION

9, Quai Voltaire, 9

1905

À MON PETIT-FILS

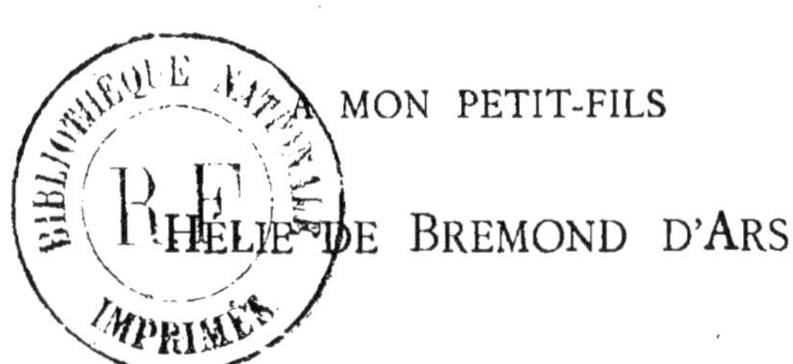

HÉLIE DE BREMOND D'ARS

Puisse le cher petit Enfant, venu au monde avec le XXe siècle, si Dieu lui prête une longue existence, toujours s'inspirer du sage conseil inscrit en tête de ce nouveau Recueil de Souvenirs historiques : *Patrum non oblivisci nec nimium meminisse.*

A. DE B. D'A.

Manoir de La Porte-Neuve en Riec (Finistère).

Février 1905.

AVANT-PROPOS

Ce volume n'est que le recueil de notes généalogiques publiées dans une Revue spéciale aux questions héraldiques et historiques ; elles concernent une famille féodale éteinte et oubliée depuis plus d'un siècle, et issue des anciens seigneurs d'Albin (aujourd'hui la ville d'Aubin dans l'Aveyron), sortis eux-mêmes des premiers Comtes de Rouergue.

J'ai pensé à l'embarras qu'éprouverait le lecteur, curieux de ce genre d'études, pour retrouver la suite de ces notes disséminées dans les sept volumes de la Revue fondée en 1898 par notre savant ami et confrère, M. le vicomte de Poli. La difficulté serait encore bien plus grande et presque insurmontable dans vingt ans d'ici pour mon petit-fils, le jeune enfant à qui je dédie ce recueil, si toutefois il conserve, comme son aïeul, le culte des traditions héréditaires et le goût des études historiques et archéologiques. Mais, hélas ! qui peut prévoir quelle sera, au milieu du XXᵉ siècle, la « mentalité » de la jeunesse française, pour employer une expression nouvelle ?

Néanmoins, on regrettera toujours la dispersion dans les innombrables revues et journaux de Paris et de province de ces monographies, notices, articles, comptes-rendus, qu'un tirage à part eut sauvé de l'oubli. Les auteurs de ces travaux, même les moins importants, pouvaient tôt ou tard rendre de réels services aux futurs écrivains, et éviter aux bibliomanes les plus passionnés et les plus patients de laborieuses et infructueuses investigations.

Jadis, la moindre brochure attirait l'attention du public ; et j'ai vu, dans mon enfance, de vénérables vieillards, tout fiers encore, disait-on, d'avoir jadis « fait gémir la presse ». C'était, en effet, un des grands événements de leur vie ; et aux yeux de leurs concitoyens, ils passaient pour de savants écrivains et d'ingénieux poètes : et cependant leur réputation reposait sur la description de quelque tombeau gallo-romain, ou l'insertion d'un quatrain sur le « mariage d'Ismène » dans l'*Amanach des Muses* ou dans les *Etrennes d'Apollon* : ou bien encore des énigmes et charades pour l'agrément des lecteurs du petit journal d'annonces de la localité. La notoriété littéraire ne s'acquiert plus maintenant à si bon compte.

Je reviens à mon recueil qui n'a d'autre mérite que celui d'une œuvre de patientes recherches, facilitées d'ailleurs par la grande obligeance de mes multiples correspondants.

Il m'a fallu les accabler de questions au sujet des branches et rameaux d'une famille répandue dans plusieurs provinces durant une existence de près de neuf cents ans.

Je voudrais nommer ici tous ces excellents confrères : beaucoup ont disparu avant que j'aie eu la satisfaction de leur faire hommage de ce modeste travail entrepris sur leurs sages conseils. Aussi, leur souvenir m'est-il particulièrement précieux. Le lecteur comprendra mieux mes justes regrets, quand j'aurai nommé Philippe Tamizey de Larroque, Louis Audiat, le comte Ferdinand de Maussabré, Léon de Berluc Pérussis, Charles de Ribbe, le baron de Wismes, Anatole de Barthélemy, etc.

Au cours de mon récit, j'ai tenu à mentionner l'utile collaboration de mes correspondants actuels, c'était mon devoir, car je sais par expérience que toute demande de documents, de renseignements est généralement regardée comme indiscrète, importune et accueillie avec plus ou moins d'indifférence.

Ce n'est assurément pas ce reproche que je ferai à mes fidèles amis et confrères des diverses sociétés savantes auxquelles je suis affilié : et parmi eux il est juste que j'adresse des remerciements tout particuliers à M. le vicomte Oscar de Poli, à la fois érudit et fidèle historien, orateur éloquent, gracieux poète et charmant romancier que le monde littéraire connaît et apprécie.

On n'ignore pas davantage sa constante et parfaite courtoisie envers tous ses confrères, même les plus modestes. Il avait bien voulu m'offrir de tracer quelques lignes pour servir de préface à ce volume, et j'avais imprudemment accepté.

J'ai renoncé ensuite à profiter de cette offre aimable, en songeant que ce simple recueil ne méritait nullement les honneurs d'une Préface et d'une telle présentation.

Voilà pourquoi, mon cher Lecteur, je me suis décidé, comme les vieux auteurs, à m'adresser directement à vous. Or, vous savez que de trop indulgentes recommandations — comme seraient celles de mon ami d'ancienne date — produisent très souvent l'effet contraire; il était donc plus sage de vous épargner une déception inévitable, ainsi qu'à mon amour-propre d'auteur.

Anatole de Bremond d'Ars.

Familles féodales éteintes et oubliées

LES SEIGNEURS D'ALBIN

(ISSUS DES ANCIENS COMTES DE ROUERGUE)

1

A notre époque où toutes les idées se portent vers l'avenir et les révélations scientifiques et sociales qu'il nous prépare — ou qu'il promet — il est juste et sage de réserver un pieux souvenir au passé, à ces temps séculaires que nos aïeux ont traversé, et dont quelques-uns de nos rares contemporains ont, pour ainsi dire, entrevu la dernière et bien faible trace. Dans une allocution nous exprimions la même pensée en ces termes : « Le XIXe siècle, qui vient d'expirer, n'est-il pas la dernière étape que la société moderne se hâte, anxieuse, de franchir, impatiente qu'elle est d'apercevoir enfin ces horizons inconnus et annoncés comme merveilleux. Avant d'abandonner la vallée du passé, jetons un regard sur ce qui va disparaître aux yeux de nos successeurs.

Relisons surtout notre vieille histoire nationale, les chroniques locales de nos provinces, recueillons les traditions et les légendes du foyer héréditaire. Avant d'aborder la rive inconnue, préparons-nous, comme le héros antique, à emporter les images de nos ancêtres et à fixer dans notre mémoire la peinture fidèle de leurs anciennes et paisibles demeures, souvent abritées sous le clocher de quelque village ignoré.

Ce sentiment de retour vers l'étude de nos origines s'est manifesté depuis de longues années, et semble redoubler encore d'intense activité à l'approche des ombres fatales de l'oubli. »

Mais on peut se souvenir qu'après la Révolution de 1830, il y avait eu, contre « l'ancien régime » — selon l'expression employée par les gens ignorants de notre histoire, — une sorte de réaction encore plus prononcée et plus générale : on s'en prit à tout ce qui pouvait rappeler ce passé si méconnu. Pendant que le gouvernement officiel faisait enlever ou briser sur les monuments publics les emblèmes de la royauté, les fleurs de lis, armoiries nationales de la France, les écussons sculptés sur les tombeaux, et que les croix des cimetières et des missions étaient abattues, les écrivains, les journalistes s'évertuaient de leur côté dans cette guerre d'iconoclastes à rayer des ouvrages, et surtout des dictionnaires usuels, les faits historiques attachés à chaque localité. On voulait tout simplement biffer le passé : tel sera toujours le principal objectif des révolutionnaires.

Voyez, par exemple, les manuels de géographie, les guides des voyageurs, annuaires des départements, publiés à cette époque ; cherchez un nom de lieu, ville ou commune, rendu célèbre par les personnages qui l'ont porté : il n'est fait aucune mention de ceux-ci. Mais, en revanche.

on énumère avec complaisance les différents produits de
la localité ; on n'oublie rien : céréales, plantes fourragères,
usines, minoteries, fabrique de liqueurs ou de noir animal,
pâtés truffés, etc. C'est très utile assurément pour l'indus-
trie et la réclame commerciale ; pourquoi cependant ne pas
dire un mot de l'ancien château-fort qui soutint peut-
être quelque siège mémorable contre les ennemis de la
France, en rappelant le nom des vaillants guerriers qui
l'habitèrent ; et ces anciennes abbayes qui donnèrent aussi à
l'église des savants, de saints religieux, d'illustres prélats ?
Il est néanmoins des exceptions en faveur des artistes et
écrivains modernes, voire même d'un acteur en vogue.
En résumé, c'était une aride statistique, presque uni-
forme : sorte de notice pouvant, sauf le nom, s'appliquer
à chacune des localités du pays. Quant aux anciennes races
féodales qui ont pu exister, on se garde bien de les citer.
Toutes, il est vrai, n'ont point une notoriété assez grande
pour attirer l'attention du lecteur étranger à la province.

Les vrais érudits ont enfin reconnu l'injustice de cet
oubli involontaire ou calculé. Ils savent, maintenant, par
l'étude des chartriers publics et privés, qu'il ne faut rien
négliger pour comprendre l'histoire de cet « ancien régime », c'est-à-dire les mœurs et coutumes de nos pères.
Ainsi s'explique l'intérêt que l'on attache, depuis
quelques années, non seulement aux chartes des Cartulaires, actes et contrats des anciennes minutes de notaires,
mais encore tout spécialement aux livres de raison dont
on ne soupçonnait guère toute l'importance et la valeur,
« ces pages dédaignées — dit M Charles de Ribbe — qui
nous ont révélé la vie du foyer ».

Cette même pensée m'a guidé dans mes recherches sur
quelques familles éteintes dans la mienne, avec le pieux

désir de faire revivre, au moins dans le souvenir de leurs descendants, le nom qu'elles avaient parfois illustré.

C'est sans doute le même sentiment qui a inspiré à Mme la comtesse Amicie de Villaret l'idée de publier (dans cette Revue) une intéressante étude sur un célèbre personnage du Rouergue, le maréchal Amaury de Séverac, le vaillant soutien de la cause royale aux XIVe et XVe siècles, et son illustre maison. La noble et savante chanoinesse retrace fidèlement la grande figure de ce héros que les historiens n'ont pas toujours présenté sous son véritable jour.

Il est certain — je le reconnais — que toute généalogie, même la plus belle et la plus pompeuse, n'est souvent lue que par les intéressés ; c'est pourquoi je me suis fait un devoir de grouper autour de chaque degré de la filiation tous les faits susceptibles d'atténuer l'aridité d'une longue suite de noms et de dates.

II

C'est donc le nom d'une vieille famille féodale éteinte — les seigneurs d'ALBIN (aujourd'hui la ville d'Aubin dans l'Aveyron issus des anciens comtes de Rouergue, — que je viens retirer d'un oubli trois fois séculaire.

Cette famille eut, en effet, au XVIe siècle, son heure de célébrité sous les appellations de Valzergues et de Céré ou Séré, grâce principalement à deux personnages dont les historiens contemporains ont conservé la mémoire.

C'est, d'abord, Jean d'Albin de Valzergues, archidiacre de Saint-Etienne de Toulouse, non moins savant théologien que prédicateur éloquent, et qui déploya dans la lutte contre l'hérésie, alors toute puissante, la même ardeur, la même persévérance que ses ancêtres en avaient montré pendant la guerre de Cent-Ans, pour expulser les Anglais. « Après Dieu — dit un historien du Languedoc — c'est à lui qu'est due la conservation de la religion catholique dans la ville de Toulouse ; et l'un de ses ouvrages de controverse intitulé : *Du Sacrement de l'Autel*, eut tant de vogue à Paris que le célèbre marchand libraire, Guillaume Chaudière, le fit imprimer huit diverses fois dans un an, ce qui n'était jamais en aucune autre sorte de livres (1). »

Il mourut le 13 septembre 1566, et fut inhumé dans l'ancien cloître de la cathédrale de Toulouse. Son épitaphe, rapportée dans l'histoire du Languedoc, célébrait ses talents et ses vertus, comme le firent en vers latins, hébreux, grecs et français, ses plus illustres amis, entre autres, le cardinal Georges d'Armagnac, successivement archevêque de Toulouse et d'Avignon ; Arnaud Sorbin, confesseur du roi Charles IX, et évêque de Nevers ; Melchior Flavin ; etc.

C'est ensuite — contraste assez fréquent à cette époque, — le neveu du zélé et saint archidiacre, Pierre d'ALBIN, appelé le capitaine Valzergues de Séré, fidèle compagnon du prince de Condé et du vicomte de Rohan, l'un des principaux chefs de l'armée protestante en Poitou et en Saintonge. D'Aubigné, de Thou, d'Avila, Laurent Surius, La Popelinière, Scipion Dupleix, Mézeray, Varillas, etc., en un mot, tous les historiens et chroniqueurs ont rapporté la mort héroïque, en 1577, devant la ville de Brouage, assiégée par le duc de Mayenne, de ce jeune et vaillant guerrier que le duc de Bouillon, père de Turenne, déclare dans ses mémoires, « L'un des plus valeureux de son temps ».

---

1 CATEL, *Mém. du Languedoc*, LA FAILLE : *Annales de Toulouse* ; — MORÉRI, etc.

« Ce jeune gentilhomme de grand cœur », dit Laurent Surius, succombait, à peine âgé de trente ans, avec la réputation d'un homme de guerre déjà consommé. Il était le dernier représentant mâle de la branche puînée des seigneurs de Valzergues, et fils de Louis d'Albin de Valzergues, seigneur de Céré, en Berry, baron du Chas-tellier en Touraine, Lieutenant général de l'artillerie de France, et l'un des lieutenants du maréchal de Montluc en Italie, etc. et de Renée de Chabanais, dame de Comporté-sur-Charente (des anciens princes de Chabanais en Angoumois.[1])

III

Le château-fort d'Albin (*Castrum de Albinio*) qui avait donné son nom à la famille dont nous allons parler, était bâti sur les fondations d'une forteresse romaine, construite au IIe siècle de notre ère par Decius Clodius Albinus qui se fit proclamer empereur en l'an 193, après la mort de Pertinax, et fut vaincu et tué, cinq ans après, par l'Empereur Septime Sévère. Ce général avait fait élever cette forteresse, à laquelle il imposa son nom, dans le but de

---

[1] Ses deux sœurs héritèrent des biens de cette branche fixée dans le Poitou et la Touraine. L'aînée, Louise d'Albin, épousa le 8 mars 1559, Charles de Bremond, baron d'Ars ; la seconde, Anne d'Albin, se maria deux fois 1° à Jean de la Rochefaton, chevalier, seigneur de Saveille, dont la fille unique Jeanne, alliée, en 1609, à Armand de Caumont, duc de la Force, pair et maréchal de France, fut mère de Charlotte de Caumont de la Force, femme du maréchal de Turenne ; et 2° le 20 mars 1597, à Gabriel de Polignac, seigneur de Saint-Germain en Saintonge, dont vint Anne de Polignac qui épousa, le 14 août 1615, Gaspard de Coligny, Amiral de Guienne, duc de Chastillon, pair et maréchal de France. Une de leurs filles, Anne de Coligny s'allia en 1648, à Georges, duc de Wurtemberg, comte de Montbelliard, et eut également une part dans les biens laissés par son oncle Pierre d'Albin de Valzergues

contenir les peuples de la Gaule Narbonnaise toujours disposés à s'affranchir de la domination romaine[1].

Ce château-fort conserva longtemps son utilité comme position militaire ; et, après bien des siècles, nous le retrouvons en la possession des comtes de Rouergue et de Toulouse.

Située à six lieues N. E. de Villefranche de Rouergue, et à sept lieues N. O. de Rodez, cette place qui protégeait le pays environnant, fut bientôt entourée d'habitations et donna ainsi naissance à un bourg assez considérable, lequel, à son tour, est devenu la ville actuelle d'Aubin, chef-lieu d'un canton du département de l'Aveyron, et d'une population d'environ dix mille habitants ; développement dû à l'exploitation de mines de houilles et à l'établissement d'usines métallurgiques. L'église est du XIIe siècle — disent les géographies — et les sculptures d'une des chapelles sont remarquables ; on doit également remarquer les ruines de l'ancien château des comtes de Rouergue,

Nous complétons ces trop courtes indications en donnant un aperçu historique sur les anciens possesseurs de cette forteresse gallo-romaine dont l'appellation devint le nom patronymique d'une famille féodale assez puissante dans la contrée, et divisée en plusieurs branches successivement établies dans des provinces éloignées de leur berceau.

[1] C'est M. de Barrau qui nous explique ainsi l'origine du château d'Aubin. Un autre savant, M. Lucien Massip, membre de la Société des Lettres, Sciences et Arts d'Agen, lauréat de l'Académie de Bordeaux, et qui s'est occupé de l'histoire de la ville d'Aubin, n'est pas du même avis. D'après les notes qu'il a eu l'obligeance de me communiquer, la position militaire du château d'Aubin était, au contraire, de peu d'importance. Il avait été établi sur un roc escarpé, au fond d'une vallée tortueuse, éloignée de partout, pour y surveiller les pèlerinages à *Fons Favus* (fontaine des teigneux), aujourd'hui Cransac, lors de la conquête des Gaules par César. Son fondateur est un officier romain du nom d'*Albinius* qui lui a laissé son nom.

Au X⁰ siècle, le château d'Albin faisait partie du domaine particulier de Raymond I, comte de Rouergue, de
Quercy et d'Albigeois, prince d'Aquitaine et marquis de
Gothie, fils du comte Ermengaud et frère de Raymond II,
comte de Toulouse. Ce prince périt assassiné en se ren-
dant en pèlerinage à Saint-Jacques de Compostelle. Il
avait testé en 961 : et dans son testament écrit en latin et
fort détaillé, on voit qu'il léguait le château d'Albin aux
enfants issus de son union avec la fille d'un seigneur de
la contrée, nommé Odouin (*Odoinus*). Il ajoutait à ce don
celui de cinq autres fiefs ou aleus avec leurs églises ; et,
— en cas de mort — il les substituait à leur sœur née, également de la fille d'Odoin. Enfin, à défaut de postérité des
dits enfants, leur héritage devait être attribué à l'église
de Sainte-Marie de Rodez[1].

Ce testament, fort important pour l'histoire du Languedoc à cette époque reculée, est rapporté en son entier par
le P. Labbe, Mabillon, Dom Vaissette, les Bollandistes, etc.
Les libéralités de ce prince furent immenses, non seulement pour les dix-huit cathédrales de ses principales
villes, mais il légua aussi divers domaines à plus de
cinquante autres églises de ses vastes possessions[2].

Il avait épousé, vers 946 ou 948, la comtesse Berthe,
veuve de Boson, comte de Provence, fille de Boson, marquis de Toscane, et nièce de Hugues, roi d'Italie. Il laissait
trois fils : Raymond, Hugues et Ermengaud.

On a remarqué, dans son testament, que le comte Ray-

[1] Ces cinq aleus étaient ceux de *Sinolio*, de *Brandonedo*, de *Perizedo*, de
Campolivado et d'*Albarado* : noms latins ainsi énumérés dans le testament
du comte Raymond, et dont il est difficile de donner la traduction française
actuelle.

[2] *Recueil des Hist. de Fr.* t. IX, p. 727 ; — *Hist. du Languedoc*, t. II, p. 2 :
p. 107. — La lettre grise du ch. I des Preuves de ce dernier ouvrage, représente l'assassinat du comte de Rouergue sur le chemin de Compostelle;
dessin de Cases, gravé par Cochin.

mond ne désigne point par leurs noms la fille et les deux fils nés avant son mariage avec la comtesse Berthe.

Le livre des Miracles de Sainte Foi, reproduit dans la nouvelle édition des Bollandistes, nous les fait connaître. Les deux premiers seigneurs du château d'Albin, héritiers de leur père, le comte de Rouergue, se nommaient Réginon (*Raieno*) et Hector.

Les savants commentateurs des *Acta Sanctorum* (octobre t. iii, p. 308) n'hésitent pas à les regarder comme les enfants du comte Raymond et les petits-fils d'Odoin. Ils sont cités à propos d'un miracle dû à l'intercession de sainte Foi, la protectrice toute particulière de Conques, en faveur d'un moine de ce monastère menacé de mort par Réginon, l'un de ces seigneurs du château d'Albin, et que la vengeance céleste frappa au moment où il allait accomplir son crime.

Les détails de ce récit sont curieux ; en voici un très court résumé. Mais auparavant, nous devons croire que les possesseurs du château d'Albin étaient déjà, comme un grand nombre de seigneurs féodaux de ce siècle, tout disposés à persécuter les religieux dont les vastes domaines et les richesses accumulées dans leurs monastères et leurs églises excitaient l'envie de ces hommes de guerre. Réginon et Hector n'avaient assurément point hérité du respect et des sentiments généreux de leur père envers l'Eglise.

Peut-être les multiples dispositions du testament du comte Raymond avaient-elles donné lieu à de vifs démêlés entre les possesseurs du château d'Albin et l'abbaye voisine de Conques : ce qui expliquerait l'agression de Réginon contre un des moines de cette abbaye.

Celui-ci se nommait Bergaud : et, en prenant l'habit, avait donné — dit le Livre des miracles — à Dieu et à sainte Foi tout l'héritage qu'il tenait de sa famille. Or, il advint que dans l'année de cette donation tout à fait volontaire — *legaliter contradiceret,* dit le texte, Bergaud eut à sortir du monastère pour vaquer aux travaux de la moisson. En même temps, Réginon, escorté de trente écuyers et venant du château d'Albin, se croisait dans le même chemin avec le moine Bergaud, suivi, lui aussi, d'un certain nombre de ses compagnons.

Réginon, dont la colère à la vue de ces religieux s'était réveillée — étant, paraît-il, sous le coup d'une excommunication pour certains méfaits envers l'abbaye de Conques, — revient sur ses pas, et, sous un vain prétexte, cherche à engager une querelle avec les moines déjà assez éloignés sur la route. Grinçant des dents — *ore frendens* — dit le chroniqueur — blême de colère, *colore exsanguis* — il leur adresse les plus terribles menaces, et, poussé par sa misérable cupidité et son orgueil effréné, transporté d'une fureur insensée — *furorisque æstu irrationabiliter debacchatus,* — sans respect pour Dieu et sainte Foi, il enfonce ses éperons dans les flancs de son coursier et se précipite avec violence sur le paisible groupe des religieux. Mais à l'instant, et par un effet de la vengeance céleste, le cheval de Réginon se dérobe, rue et se câbre — *clunes elatus ad sidera, colla depressus ad ima,* — renverse son cavalier dans la douve et le foule aux pieds en lui brisant la tête et les membres ; et aussitôt celui qui comptait faire périr un innocent est précipité en enfer et devient la proie des démons — *comes inferorum factus vel præda dæmonum* : tandisque le bon moine Bergaud, échappé si miraculeusement à l'épée meurtrière de Réginon, cheminait paisiblement avec ses frères et rentrait au couvent après avoir achevé ses travaux. (1)

____

1 Le Cartulaire de Conques mentionne plusieurs personnages du nom de Bergaud : entre autres, un moine, qui figure comme sacriste dans une

Enfin — ajoute l'auteur de ce récit — le frère de Réginon, nommé Hector, qui voulait venger sa mort et mena-
çait les moines de les tailler en pièces — *membratimque
discerpere* — subit également la vengeance divine ; car,
peu après, il fut tué à la guerre — *cœlesti prœventus vindicta
repente bello occubuit.*

Le narrateur termine en démontrant « que l'injustice
ne prévaut pas toujours, et qu'il ne faut jamais mépriser
les jugements de Dieu. »

Réginon, Hector d'Albin et leur sœur étaient-ils les
enfants naturels du comte Raymond ? c'est probable. Dans
l'analyse du testament de 961, les auteurs de l'Histoire
du Languedoc le déclarent en ces termes : « Il (le comte
Raymond) fait aussi mention en général de quelques fils
naturels qu'il avait eus de la fille d'Odoin ; il leur lègue le
château d'Albin en Rouergue avec cinq aleus dans ce
pays, qu'il substitue après leur mort à sa fille naturelle
leur sœur » (1).

Cependant rien ne le prouve d'une façon absolue. Les
mariages, appelés maintenant morganatiques, n'étaient pas
rares chez les familles princières, comme on le voit encore
parmi les maisons souveraines d'Europe, et notamment
en Allemagne, en Russie, en Autriche et en Italie. C'est
en 948 que le comte Raymond épousa la veuve du comte
de Provence ; les trois petits-fils d'Odoin pouvaient alors
avoir de dix-huit à vingt ans, et étaient nés, par conséquent
avant cette époque, et ainsi en état de jouir par eux-mêmes
de leur riche héritage. Le fait de la part du testateur

charte du mois d'avril 946. Ce ne peut être celui cité dans le livre des
miracles. Dans une charte de date postérieure (1076-1090) on rappelle un
bienfaiteur de ce nom qui entretenait chaque nuit un luminaire dans le
sanctuaire de Saint-Pierre, et qui pourrait être le même, également rappelé dans des chartes de 958 et 964.

(1) *Hist. de Languedoc.* t, II, p. 94, et *notes,* p. 538

d'indiquer l'origine de la mère de ses trois enfants semblerait indiquer que celle-ci n'était pas de condition vulgaire.

Dans le Cartulaire de Conques, nous voyons figurer parmi les bienfaiteurs de l'abbaye un riche seigneur du voisinage, du nom d'Odoin (*Odoinus*) lequel, sous le règne du roi Robert, 997, conjointement avec Vierna, son épouse, fait don de plusieurs vignes, d'un manse et autres aleus situés dans la paroisse de Firmy, près du château d'Albin (1).

Dans une autre charte, on voit encore que Odoin avait deux frères, Gamerius et Bégon, également bienfaiteurs de Conques ; ce qui prouve que cette famille était très richement possessionnée et dans une situation élevée.

D'ailleurs, les notes qui accompagnent le texte du *Liber Miraculorum*, cité plus haut, ne disent point que Réginon et Hector fussent des enfants illégitimes : il est même à remarquer qu'à l'*Index onomasticus* de ce volume des Bollandistes, comme à celui du Recueil des historiens des Gaules, on indique ainsi le nom de leur aïeul maternel : *Odoinus cujus filia fuit* uxor *comitis Rutenensis.* Siles commentateurs, Dom Vaissette et autres, eussent regardé Réginon et Hector comme enfants naturels du comte Raymond, ils n'auraient pas qualifié leur mère *d'épouse.* Il est vrai que l'on pourrait objecter que le poète Martial emploie le même terme à l'égard des compagnes passagères des festins antiques : mais ce n'est pas le sens que voulaient adopter nos graves chroniqueurs et les pieux historiens.

Quoi qu'il en soit, les seigneurs d'Albin se considérèrent toujours comme authentiquement issus des comtes de Rouergue ; ils en conservèrent les couleurs et les armoi-

---

1 *Cartul. de Conques,* charte n° 269.

ries primitives, *de gueules, au lion d'or*, que les branches cadettes brisèrent, soit avec un lambel, soit avec d'autres émaux, *de sable, au lion d'or*, ou bien qu'ils écartelèrent par suite d'alliances.

IV

Mais l'An Mille approchait, inspirant des sentiments de frayeur salutaire : *mundi fine appropinquante*, les conversions se multipliaient et les pécheurs se hâtaient de faire pénitence pour racheter les méfaits, les exactions et les crimes qu'ils avaient commis.

Dans cette crainte du jugement dernier, les seigneurs féodaux s'empressèrent de se réconcilier avec l'Eglise et de faire de grandes largesses aux monastères de leur voisinage. Les seigneurs d'Albin ne furent pas les moins repentants : car, dès le commencement du XIe siècle, nous les voyons en meilleures relations avec les religieux de l'Abbaye de Conques que du temps du moine Bergaud.

Le cartulaire de cette antique et puissante abbaye fondée sous Charlemagne et qui possédait presque toute la contrée du Rouergue, s'étendant autour d'elle dans un rayon de cinq lieues, est conservé aux archives de la Société des Lettres, Sciences et Arts de l'Aveyron, et a été publié en 1879 par M. Gustave Desjardins. Il contient, entre autres chartes, celle relative à la concession de la viguerie de l'église du Puech de Garcang (de *Podio de Garcangas*) par l'abbé Odolric et Hector, moine, à Pierre et Frotard d'Albin. Odolric gouverna cette abbaye de 1031 à 1065. — Les mêmes Pierre et Frotard avaient précédemment donné aux églises de Saint-Sauveur et de Sainte-Foi de Conques, et à l'abbé Odolric, une vigne et autres terres du territoire dudit Conques. Cette viguerie leur fut donnée

« y compris les prébendes de blé et de vin, sans dol ni supercheries » en présence de l'intendant Bernard, de Géraud Deusdet, du doyen Aimeric et du moine Adhémar.[1]

Il n'est pas téméraire de regarder ce moine, du nom d'Hector, intervenant dans la donation de l'abbé Odolric à Pierre et Frotard d'Albin, comme parent de ceux-ci ; c'est d'ailleurs l'opinion de M. Lucien Massip.

Nous ajouterons même que ce religieux, nommé Hector, peut bien être le fils ou le neveu du frère de Réginon. Les noms de baptême étaient presqu'héréditaires chez les familles féodales, et celui d'Hector était pris en souvenir d'Hector, rangé au nombre des neuf preux de la chevalerie. Ce nom est d'ailleurs répété près de cent fois dans ce *Cartulaire de Conques*, étant alors d'un usage très répandu. Si cet Hector appartenait à la maison des seigneurs d'Albin, on peut encore supposer que, touché de la grâce divine, il avait voulu se consacrer à Dieu, dans cette abbaye de Conques dont ses parents avaient été les persécuteurs ; il y était venu pour racheter leurs fautes et leur obtenir ainsi le repos éternel.

Notons, en passant, que ce même cartulaire contient plusieurs chartes qui peuvent bien n'être pas étrangères à la famille des seigneurs d'Albin. Ainsi, par une charte que l'on place entre les années 1031 et 1059, Aimerudis, veuve d'Hector, donne, conjointement avec ses fils Géraud, Pierre et Hugues, à l'église de Conques, leurs manses de Praissac et de Bertols pour le repos de l'âme d'Hector, leur mari et père, et aussi pour la dot, — *pro hereditate* — d'Odolric leur frère, lequel sans doute s'était fait religieux. — Dans une charte contemporaine, nous voyons que Géraud, sa femme Stephana et leur fils Hec-

---

[1] *Cartulaire de l'Abbaye de Conques*, chartes **279**, **358** et **359**.

tor font donation à Conques de leur manse de Valayssac près d'Albin. Enfin, dans un autre acte (1076-1090), il est fait mention d'une manse qui avait jadis appartenu à Réginon et son épouse Belluisane. Serait-ce le seigneur d'Albin mort si tragiquement ?

Il est difficile, ou pour mieux dire impossible, de démêler la filiation des familles à cette époque où les noms patronymiques n'étaient pas encore fixés : c'est à peine si l'on peut établir quelques présomptions de parenté en se guidant sur l'usage des noms personnels qui n'étaient pas pris, je le répète, au hasard, mais d'après certaines règles que nous ne connaissons encore que très vaguement.

Quoi qu'il en soit, il est certain que les premiers seigneurs d'Albin se maintinrent dans la possession indivise de ce château durant des siècles, de même que dans celle de la seigneurie du Puech de Garcang. Celle-ci demeura même dans la branche aînée jusqu'à son extinction, c'est-à-dire vers le milieu du XVIe siècle.

La suite des seigneurs d'Albin présente une lacune depuis environ l'an 1050 jusqu'au siècle suivant, et ce n'est qu'en 1165, que nous trouvons un de leurs descendants directs, FROTARD D'ALBIN qui fait hommage du dit château d'Albin à Richard, comte de Rodez, et à Hugues, son fils. Bonal rapporte cet hommage écrit en idiome vulgaire.

L'ordre des temps peut faire admettre que ce Frotard d'Albin était le petit-fils ou arrière-petit-fils de Frotard qui reçut de l'abbé Odolric et du moine Hector la viguerie du Puech de Garcang

Guy de Lusignan, roi de Jérusalem, venait d'être vaincu à Tibériade (1187), et Saladin s'était emparé de la ville sainte. Une troisième croisade fut décidée, et de toutes parts, les chevaliers chrétiens prenaient la croix. Les seigneurs d'Albin suivirent l'élan général, et l'un d'eux,

GUILLAUME D'ALBIN, se croisa avec les principaux seigneurs féodaux du Rouergue, du Languedoc et de la Provence en 1191.

Le P. Mathieu de Goussencourt, qui nous a conservé son nom, lui donne pour armes, *de gueules, au lion d'or*, qui sont bien celles de sa maison et des anciens comtes du Rouergue.

En 1230, ARCHAMBAUD D'ALBIN, conjointement avec ses enfants, donne à l'abbaye de Bonnecombe plusieurs manses et la moitié de l'église d'Anglars. En 1238 et 1240, PONS D'ALBIN était maître de la milice du Temple en France[1].

Nous continuerons à donner chronologiquement les noms isolés que nous avons relevés sans pouvoir néanmoins établir une filiation suivie et régulière.

Mais ces différentes citations prouvent déjà que les seigneurs d'Albin avaient conservé parmi les familles féodales le haut rang que leur assignait une illustre origine.

Nous verrons qu'ils s'attachèrent surtout à rester possesseurs — même pour une très minime part — de la coseigneurie du château d'Albin, preuve irrécusable de leur descendance des premiers comtes souverains du Rouergue, princes d'Aquitaine et marquis de Gothie.

En effet, AUDOUIN D'ALBIN, en 1274, faisait hommage au comte Hugues de Rodez pour la 24ᵉ partie de la juridiction d'Albin ou Aubin[2]. (*Archives du comté de Rodez.*)

En 1280, le même Audouin d'Albin, qualifié damoi-

---

[1] DOM VILLEVIEILLE, *Trésor généalogique*, verbo ALBIN.

M. Paulin Pàris, dans son *Histoire littéraire de la France*, t. XXI, p. 790, nomme ce chevalier templier Ponce d'Aubon, et le qualifie prieur de France, d'après le cartulaire rouge du chapitre de Saint-Quentin.

Il se pourrait bien que ce Ponce fût de la maison d'Albon.

[2] C'est la première fois que le nom d'Albin est écrit *Aubin* en parlant du château : mais la famille conserva la forme primitive, Albin.

seau, consentait à l'abbé de Bonnecombe l'acte de vente du village de Saunhac.

En 1275, les nobles du territoire d'Aubin ayant contesté au comte de Rodez le droit de faire rendre la justice en son nom, la contestation se termina par une transaction « passée entre illustre seigneur Henri, par la grâce de Dieu comte de Rodez, d'une part, et un certain nombre de gentilshommes parmi lesquels figurent : AUDOUIN D'ALBIN ARNAUD D'ALBIN, GAILHARD D'ALBIN, habitants du château d'Albin. »

Ce même acte de 1280 fait connaître le nom de la femme d'Audouin d'Albin, Thèbes DE PANAT. Elle est dite fille d'Arnaud Bérenger de Panat, d'une famille connue depuis Raymond Bérenger, qualifié, en 1246, de chevalier de Panat, c'est-à-dire co-seigneur de Panat.

« La seigneurie du château de Panat — dit M. de Barrau, dans son ouvrage sur les familles du Rouergue — s'était divisée à mesure que la famille se multipliait : de sorte que, dès le XIII⁰ siècle, soit par suite de partages, d'alliances ou d'engagements, le château, qui était alors fort considérable, se trouvait possédé, et même habité par plusieurs seigneurs que l'on désignait sous le nom de *Cavalhers de Panat*. La réunion de ces guerriers distingués par leur naissance et leur noble profession, avait fait de Panat une véritable place d'armes, ayant une haute importance dans l'ordre féodal. » Pendant les XIII⁰ et XIV⁰ siècles, la seigneurie de Panat, indépendamment des droits de la famille primitive, fut possédée simultanément par les seigneurs de Sévérac, de Cardaillac, de Capdenac, de Bérenger, de Balaguier, de Calmont, de Méjanel, de Ferrières, de la Roquetaillade et de la Roque. C'était le siège de l'une des douze baronnies du Rouergue. D'après le cartulaire de Conques, on voit qu'en l'an 1060, Alboin, fils

200 + 10 v.

d'Harold, roi d'Angleterre, voyageant par dévotion dans *l'univers entier*, et passant en Rouergue, va au château de Panat où il trouve cinq frères de ce nom, Déodat, Hector, Hugues, Bérenger et Géraud, ainsi que Hugues et Rigaud de Cassagnes, et, de concert avec eux, il rétablit le monastère de Clairvaux ruiné par les Sarrazins (1).

Le château de Panat a passé depuis aux maisons de Lévis, de Castelpers et de Brunet de Villeneuve. Cette dernière famille en porte encore le nom.

Panat : *d'argent, au sautoir de gueules.*

Arnaud d'Albin, qualifié « damoiseau du château d'Albin », le même sans doute qui paraît dans la transaction de 1275, avec le comte de Rodez, testa le mercredi après l'Epiphanie de l'an 1302. Par cet acte, il fonde une chapellenie pour lui et pour noble Marguerite Leujade, sa femme, dont il laissa plusieurs enfants, et entre autres une fille, Maralde d'Albin, mariée à Foucher de la Roque (*Folguier de la Roqua*), damoiseau d'Albin, lequel, dans un acte du samedi après la Saint-Jean 1323, « exceptait de l'hommage qu'il faisait au comte de Rodez, ce qu'il tenait en fief, audit lieu d'Albin, de Hugues d'Albin, et ce que Maralde d'Albin, sa femme, fille d'Arnaud d'Albin, damoiseau, tenoit au territoire de Nevoltri, au mandement dudit Albin. » (*Bureau des Finances de Montauban, Reg. d'hom. du comté de Rodez, nº 3, fol. 19.*)

Leujade, et mieux Leujat, était le nom d'une famille noble d'Aubin que nous retrouvons en 1361. A cette époque, noble Jeanne Lieujade, fille de Bérenger Lieujat, femme de noble Aymar Ruffy, fondait une chapelle à l'autel Saint-Blaise de l'église d'Aubin (*Pouillé du diocèse de Rodez.*

---

* *Cartulaire de Conques*, ch. 14 et 15. — Clairvaux, commune du canton de Marcillac (Aveyron).

— Gailhard d'Albin, un autre des comparants de 1275, eut, d'une alliance inconnue, un fils, Guillaume d'Albin, qualifié damoiseau, seigneur de Moyrazès, (1) qui, en 1343, faisait hommage « pour ce qu'il tenait en fief de Gilbert de Cantobre, évêque de Rodez, en la troisième partie des terroirs de la Selve et de Boscméjà, dans le mandement de Moyrazès, acquis de noble Bernard Buffet par feu Gailhard d'Albin, chevalier, son père ».

(Archives de l'évêché de Rodez).

En 1304, Maralde d'Albin, fille de N... d'Albin et de Jeanne de la Framondie, épouse Guillaume de Cassagnes, d'après la généalogie de cette illustre maison. Ce Guillaume de Cassagnes est sans doute le même qu'un Guillaume de Cassagnes qui, en 1323, conjointement avec Pons de Cassagnes, tous deux qualifiés damoiseaux et co-seigneurs de Cassagnes, rend hommage au comte de Rodez.

— Nous pensons qu'Odon d'Albin, vivant en 1308, eut un fils nommé Audouin d'Albin, avec lequel il est confondu dans le recueil de Doat, t. i, p. 132.

— Le 8 des calendes de juillet 1323, Géraud d'Albin, qualifié « damoiseau du château d'Albin, fit foi et hommage au comte d'Armagnac, comme comte de Rodez, pour raison du 24ᵐᵉ et le 48ᵐᵉ de la justice et seigneurie d'Albin, qu'il tenait en fief noble et libre : le dit 48ᵐᵉ à lui appartenant du chef d'Adelaïs (*Aladayssie*), sa femme, à cause de sa dot ». (*Registre d'hom. du Comté de Rodez*).

— Hugues d'Albin, damoiseau, « avoue, le même jour, tenir en fief, noble et libre, du dit comte d'Armagnac, le 22ᵐᵉ de la seigneurie d'Albin, conformément à la transaction passée entre le comte et les copartiteurs du dit château d'Albin ». (*Idem*).

(1) Moyrazès, commune du canton de Rodez.

— Jean d'Albin figure comme héritier dans le testament de Pierre Garronda, du lieu de Selve, diocèse de Rodez, daté du 11me des calendes de juin 1313. Le testateur substituait Jean d'Albin, seulement pour un tiers de son hérédité, à Bernard Garronda, son fils.

(Bureau des Finances de Montauban : Reg. des Testaments. n° 1, fol. 129,.

— Un autre Arnaud d'Albin que nous trouvons vivant, trente-quatre ans après le testament de 1302, peut bien avoir été le fils d'Arnaud d'Albin et de Marguerite Leujade. Conjointement avec Guillaume de Flavin, il avait vendu le mas de Saint-Geniez à Gailhard Ebrard, du bourg de Rodez, qui, cette année-là, en rendait hommage à Jean le Bon, comte d'Armagnac et de Rodez *(Archives dép. de l'Aveyron).*

Nous trouvons le même qualifié « damoiseau du château d'Albin, avouer, le samedi après la Saint-Jean-Baptiste 1323, tenir en fief noble et libre du comte d'Armagnac, à cause du comté de Rodez, le 48e de la justice et seigneurie du château d'Albin, le mas de la Trelha avec la justice, les cens et rentes de la Trelha. » *(idem. Reg. des hom. du Comté de Rodez,* n° 3, fol. 20.) C'est le même Arnaud d'Albin, croyons-nous, qui est qualifié Ecuyer dans une quittance qu'il donne en 1354, étant alors à Agen. Son sceau porte un Lion. *(Bibl. Nationale.)*

Mais il est plus douteux qu'un troisième personnage du nom d'Arnaud d'Albin que nous voyons cité vingt-cinq ans plus tard, soit encore le même que le précédent. Voici la mention qui le concerne :

Le 3e d'avril 1370, « Noble et puissant seigneur Arnaud d'Albin, qualifié Sénéchal de Lomagne, assista le comte d'Armagnac au traité d'amitié et d'alliance qu'il fit avec le comte de Foix, et par lequel Béatrix sa fille fut promise en mariage à Gaston, fils du comte de Foix. » (*idem Reg. d'hom. n° 11*) (1).

En même temps, vivaient BÉRENGER D'ALBIN, seigneur en partie du château d'Aubin en 1322 ; (*Archives du Comté de Rodez*, à Montauban) et HUGUES D'ALBIN qui avait fondé une chapellenie dans l'église d'Aubin où il eut son tombeau.

Vers 1360, ROBERT D'ALBIN marie sa fille, MARALDE D'ALBIN, avec BERTRAND DE CASSAGNES. Il avait un fils, GAILHARD D'ALBIN, qui mourut sans postérité, et institua pour son héritier Béraud de Cassagnes, son neveu, et lui donna les fiefs de La Selve, La Bosmetrie, Graline, La Tricherie, Le Garric, etc. Ce qui semble impliquer que Gailhard d'Albin était le dernier de sa branche.

Citons encore : Noble homme BÉGON D'ALBIN, qualifié chevalier, présent à l'hommage fait au comte d'Armagnac par noble dame Jeanne de Casanove, veuve de messire Pons de Castilhon, chevalier, pour raison de sa portion des lieux de Gandrin en Fezenzac, le 25 octobre 1378. (*Id. Reg. d'hom.* n° 11, fol. 15).

Le 11 décembre suivant, Bégon d'Albin avouait également tenir en fief du comte d'Armagnac 1100 livres tournois de rente que lui faisait le dit comte. (*Id. protoc. de Meyres*, n° 11, fol. 21).

En 1369, Noble ALRIC D'ALBIN donne par testament aux

(1) La Lomagne qui faisait partie du duché de Gascogne, avait pour capitale Lectoure. Elle eut d'abord des seigneurs particuliers qui se qualifiaient vicomtes de Lomagne par la grâce de Dieu, passa ensuite successivement aux comtes d'Armagnac et de Périgord. Ces derniers cédèrent cette petite province au roi Philippe le Bel en 1301. Après diverses transmissions, elle revint à la couronne. Guillaume d'Albin était donc sénéchal de Lomagne pour le roi Charles V en 1379.

prêtres obituaires d'Aubin, une partie de la rente et de la seigneurie des terroir et fief de Campels, paroisse d'Aubin. (*Terrier de la Communauté des Prêtres obituaires de cette ville.*)

Cette longue nomenclature de noms isolés, bien que peu intéressante par elle-même, n'est cependant pas inutile. Elle vient confirmer notre première assertion sur l'origine des seigneurs d'Albin, issus, légitimement ou non, des premiers comtes de Rouergue, princes d'Aquitaine.

On voit avec quel soin et quelle persévérance, durant plus de quatre siècles, les descendants du comte Raymond s'attachent à conserver leurs droits de propriété sur le château d'Albin, leur berceau. Ils se partagent presque à l'infini les droits de juridiction sur ce primitif apanage et sur tous les fiefs situés dans le territoire d'alentour ; partages d'autant plus multipliés que les femmes avaient également part dans l'héritage qu'elles transmettaient ensuite à d'autres familles.

Il est difficile — pour ne pas dire impossible — d'établir les degrés de filiation entre tous les personnages que nous venons de citer par ordre chronologique. Ce n'est que vers la fin du XIVe siècle que l'on finit par les démêler et les fixer d'une manière certaine. Il est probable que les nombreuses guerres des XIIe et XIIIe siècles, notamment celle des Albigeois, jetèrent le plus grand trouble dans les châteaux et monastères, et, par conséquent, furent cause de la destruction des chartriers et autres documents qui nous eussent exactement fait connaître la succession des seigneurs féodaux de cette contrée.

C'est donc encore à l'extrême obligeance de M. Lucien Massip que nous devons un fragment de la filiation suivie de la branche des seigneurs du Puech. Ce savant archéologue nous avait justement fait remarquer l'existence de plusieurs branches bien distinctes dans la famille d'Albin ;

l'aînée, celle du Puech, et une seconde formée par les seigneurs de Valzergues qui se subdivisa elle-même en nombreux rameaux.

V

Branche des Seigneurs du Puech.

Voici comment M. Lucien Massip établit la filiation de cette branche qu'il regarde, ainsi que nous venons de le dire, comme l'aînée de la maison d'Albin.

Jean d'ALBIN « Jehan d'Albinh, Senhor del Puech » habitait, en 1408, dans le château d'Albin, un hôtel (*hostal*) situé place de la Cot, à l'entrée du Fort. Il figure avec « Jehan del Solier et Jehan Rocguier », au nombre des trois principaux coseigneurs d'Albin dans le cadastre de 1408-35 à l'acte d'introduction, signé Guilbert prêtre et notaire public ; il est qualifié de « donzel » damoiseau. Il paraît avoir eu pour fils Bérenger d'Albin qui suit :

Bérenger ou Brenguier d'ALBIN, seigneur del Puech, coseigneur d'Aubin, d'Auzits, de Viviès, (1) etc. qui vendait, en 1443, des censives exigibles sur les mas de l'Auzeral et de la Ranque, paroisse de Rulhe, à noble Rigal d'Azémar, seigneur de Firmi. (*Arch. dép. loc. cit.*) Le 17 février 1461, Bérenger d'Albin — dit du lieu d'Albin, avouait tenir en fief noble et seigneurie du comte d'Armagnac à cause de son comté de Rodez, « son hôtel situé dans le château d'Albin et la métairie del Puech ». (*id. Reg. d'hom.* et dom Villevieille. (*Trésor généalogique, verbo* Albin.)

---

(1) Auzits et Viviez, communes du canton d'Aubin. Dans plusieurs chartes du *Cartulaire du Conques*, figure un seigneur du nom d'Hector d'Auzits.

Vers 1472, il vendait à noble Guillaume de Morlhon. seigneur d'Asprière et de Viviès, une émine de seigle de censive annuelle (*id*). En 1476, sommation lui fut faite par noble Azémar Jory du Claux, Jean de Broussignac, Jean de Raffin, Guillaume Leureau et Raymond Santolh, coseigneurs d'Auzits, de contribuer aux frais du procès qu'ils avaient au parlement de Toulouse (*id*). Le 6 août de la même année 1476, il vendit à la communauté des prêtres obituaires de Notre-Dame d'Aubin, la seigneurie du village de Cahuac, paroisse de Firmi (1) (*Terrier des Prêtres obituaires.*) Il mourut vers 1480, laissant au moins un fils et peut-être une fille : Pierre d'ALBIN, qui suit, et Marguerite d'ALBIN, mariée à noble Antoine Segualar, seigneur du Repaire des Teulières, qui, en 1496, acheta un terrain à Auzits. (*Arch dép.*)

Pierre d'ALBIN, seigneur du Puech, etc, rendit en 1482 aux Prêtres obituaires d'Aubin une partie de la rente et de la seigneurie du terroir et fief de la Salle de Gamèle.

Il laissa au moins un fils et deux filles : 1° Guillaume d'Albin, qui suit ; — 2° Delphine d'Albin, mariée à noble Jean de Teulat, coseigneur d'Aubin, seigneur de la Broa, près Aubin, en 1435. (*Arch dép.*) d'une ancienne famille noble qui possédait depuis longtemps le château de la Bastide-Teulat, situé sur le flanc d'une montagne escarpé, près du confluent du Rancé et du Tarn. En 1531, un des descendants de Delphine d'Albin, Gaspard de Teulat, seigneur de la Broa, capitaine de Camboulas, rendait hommage au Roi et à la Reine de Navarre pour tout ce qu'il avait dans Aubin et au château du dit lieu, (*Arch. du domaine à Montauban*). Marie de Teulat, peut-être sœur de Gaspard, héritière de la Bastide-Teulat,

(1) Firmi, commune du même canton d'Aubin,

apporta cette terre, vers la même époque, dans la maison de Murat, en épousant Pierre de Murat de l'Estang, seigneur de Pomayrols.

Guillaume d'ALBIN, seigneur du Puech, « Guilhem d'Albinh, Senhor del Puech », figure au nombre des co-seigneurs d'Aubin dans le cadastre de 1502. Il habitait au Fort, dans la demeure de ses ancêtres. Son fief du Puech venait d'être frappé d'un impôt de composition. Il ne laissa probablement que des filles.

1° Anne d'ALBIN, mariée en 1541, à noble François de Murat de Lestang, seigneur de Paulhac, de Pomayrols, du Cambon, de Bozouls, de la Roque-Sainte-Marguerite, etc., que l'on voit seigneur du Puech en 1547, probablement du chef de sa femme. Il était fils d'Antoine et de Marie de Teulat, dame de la Bastide-Teulat, et neveu de Gabriel de Murat de Lestang, grand commandeur, lieutenant général du grand-maître Villiers de l'Isle-Adam et grand-prieur de Toulouse que l'histoire désigne sous le nom de commandeur de Pomayrols, et qui se distingua par sa bravoure au dernier siège de Rhodes, lorsque cette place fut prise par Soliman II. Il périt dans une tranchée, le 14 septembre 1522.

Les Murat, seigneurs de Lestang, étaient regardés comme issus de la maison des vicomtes de Murat, l'une des plus anciennes d'Auvergne, et qui a fourni des chevaliers à la première croisade. Ils en portaient les armes : *d'azur, à 3 fasces crénelées d'argent, la 1re de cinq créneaux, la 2e de quatre, et la 3e de trois seulement et ouverte en porte au milieu.*

M. Lucien Massip n'est pas d'accord avec M. de Barrau qui, dans la généalogie de Murat de Lestang, dit Anne d'Albin fille d'Antoine d'Albin, seigneur de Valzergues et de Naussac, et de Françoise de Mancip.

Leur fils, Antoine de Murat, épousa, le 18 juin 1581, Jeanne de Bérail, fille unique d'Antoine de Bérail et de N... de Galard de Terraube. François de Murat de Lestang de Bérail, marquis de Pomayrols, son arrière petit-fils, mourut sans postérité, laissant son héritage à ses deux sœurs, Marie de Murat de Lestang de Bérail, mariée à Claude de Roquefeuil de Versols, baron de la Guépie ; et Anne de Murat de Lestang, femme de Jean de Roux, seigneur de la Loubière.

2° Gaspare d'Albin, domiciliée en 1556 dans le faubourg de la Riffeyrie à Aubin, où elle possédait une maison allivrée 10 livres. Le 22 juin 1542, elle avait vendu aux prêtres obituaires la seigneurie de trois maisons sises à Aubin.

Ici s'arrêtent les renseignements fournis par M. Lucien Massip qui regarde la branche des seigneurs du Puech éteinte en la personne des filles de Guillaume d'Albin, et qui devait descendre des premiers possesseurs de cette viguerie du Puech de Garcang, concédée au XIe siècle par Odolric, abbé de Conques, à Pierre et Frotard d'Albin. Après ceux-ci, on peut ajouter parmi les noms isolés, celui de Robert d'Albin, seigneur du Verdié, dont la fille Domestique d'Albin, épousa vers l'an 1146, Arcambal de Cassagnes, de cette antique maison de chevalerie, encore représentée par les Cassagnes de Beaufort, marquis de Miramont, et plusieurs fois directement alliée à celle des seigneurs d'Albin (1).

(1) Nous devons cette dernière indication à l'obligeance de notre savant confrère, M. le vicomte de Bonald, chevalier de Malte, membre du Consei héraldique de France, qui vient de publier un intéressant recueil de documents sur les familles du Rouergue, pour continuer et compléter l'ouvrage de M. de Barrau. En même temps, M. de Bonald nous fait remarquer que la vicomté de Panat passa aux Bruhet-Lévis et non Villeneuve, et que le château, l'ancien *Castrum* des *Cavalhers* de Panat, devint, en 1648, la propriété de la famille d'Adhémar qui le possède encore.

Pour clore cette nomenclature de sujets qu'il n'est pas possible de rattacher à telle ou telle branche, nous placerons Hugues d'ALBIN, chevalier de Rhodes, à la fin du XVe siècle, commandeur de Dominipech en 1509, au grand-prieuré de Toulouse, sous le magistère d'Aimery d'Amboise.

VI

Branche des Seigneurs de Valzergues.

Valsergues, et par euphonie Valzergues, est une commune du canton de Montbazens, arrondissement de Villefranche (Aveyron), dont le château ou castrum primitif semble avoir eu le même fondateur que celui de la Roque-Valzergues, le général romain Sergius, l'un des lieutenants de Jules César. Comme Clodius Albinus, fondateur du château d'Albin, Sergius aurait imposé son nom à ces deux stations — *Vallis Sergii* — stations fort éloignées l'une de l'autre et bien différentes ; la première, dans une vallée, près de Montbazens, la seconde, sur un rocher près de Saint-Saturnin, dans l'arrondissement de Millau. C'est du moins l'étymologie que M. de Barrau donne du nom de la Roque-Valsergues, la plus importante des quatre principales châtellenies du Rouergue, longtemps occupée par les Anglais qui n'en furent chassés qu'en 1371 par le connétable du Guesclin.

Cette étymologie semble d'abord assez naturelle : cependant, nous remarquons que le nom de Valsergues s'écrit *Valserguas* en idiome local, et n'a plus alors rien de romain ; et aussi que cette désinence *ergues* est commune à beaucoup d'autres noms de lieux : Coussergues, Lédergues, Sénergues, etc. ; terminaison changée en *argues*

— 32 —

dans la Provence, Marsillargues. Bouillargues, Mey-
rargues, Vauvenargues, etc. Ces diverses désinences ont
peut-être la même signification. Laissons aux géographes
le soin de résoudre la question, et revenons à la famille
d'Albin que nous voyons en possession de Valzergues dès
le milieu du XIVe siècle.

Quant au château actuel, bâti en plaine, il ne date
point de cette époque, mais plutôt de la fin du XVe siècle ;
il remplaça sans doute la primitive habitation. « Cette
construction était de style ogival, nous dit M. Lucien
Massip, et il n'en reste que quelques bâtiments. Le corps
principal, de proportions modestes, n'offre rien de bien
remarquable, si ce n'est une tour hexagonale à deux étages,
à demi engagée dans la façade et précédant un escalier à
vis en pierre. La porte d'entrée, quoique fort basse, est
assez monumentale : à son sommet se trouvent les armes
d'Albin écartelées de celles de Naussac. La sculpture de
cet écusson très fruste ne permet guère de distinguer la
couleur des émaux. Les fossés qui, jadis, entouraient le
château n'existent plus. En résumé, l'ensemble de cet édifice devait être assez remarquable à l'état de neuf (1). »

Nous allons maintenant donner très succinctement la
suite des seigneurs de Valzergues.

Le premier qui nous soit authentiquement connu est
Raymond d'ALBIN, qualifié seigneur dudit lieu de Valzergues, vivant en 1365, et consul de Villefranche en 1368.

Cette ville, comme son nom l'indique, était de fondation récente. Alphonse Jourdain, comte de Toulouse, en

---

(1) Cette description concorde parfaitement avec le dessin que M. Bou-
tonnet, instituteur de Valzergues, a bien voulu faire de ce château, sur la demande de M. le docteur Boyer, conseiller général et maire de Montbazens.
Une partie du château de Valzergues, est occupée par le presbytère depuis
que la chapelle est devenue l'église d'une nouvelle paroisse, créée seulement
en 1821. Valzergues dépendait auparavant de la paroisse de Galgan.

la créant en 1232, lui concéda des privilèges et exemptions qui attirèrent bientôt de nombreux habitants. Comme toutes les cités du midi, toujours sous l'influence de la législation romaine, Villefranche en adopta l'organisation et voulut avoir aussi ses consuls pour la diriger. Ils furent ordinairement choisis parmi les plus anciennes et les plus importantes familles de la contrée. C'est ainsi que le seigneur de Valzergues, Raymond d'Albin, fut élu par ses concitoyens.

Il se trouva donc mêlé aux grands événements de cette époque. Par le traité de Brétigny, en 1360, le Rouergue avait été cédé à l'Angleterre, mais les populations ne voulurent jamais se soumettre au joug de l'étranger. De là, des révoltes fréquentes. En 1362, Chandos, le terrible adversaire de Du Guesclin, tenait garnison dans Villefranche pour le Prince Noir qui, pour punir les habitants d'avoir refusé le serment d'obéissance, et pour leur servir d'exemple du châtiment, fit attacher l'un des consuls à la queue d'un cheval et promener à travers les rues de la ville. Les chroniques ne donnent pas le nom de ce consul condamné à ce supplice humiliant. Ce fut peut-être Raymond d'Albin. En tout cas, celui-ci gardait une haine profonde contre les envahisseurs : et, en 1368, il se signala, comme consul de Villefranche, lors de l'expulsion des Anglais de cette ville (1). L'année suivante, Villefranche ouvrait ses portes à Lautrec, sénéchal du Rouergue pour le roi de France.

En 1385, le même Raymond d'Albin, conjointement avec sa mère, nommée CATHERINE, s'oblige de trois florins d'or dus à PIERRE D'ALBIN, prêtre, au sujet d'une chapellenie fondée par messire Hugues de Saint-Paul. (*Ar-*

---

(1) Etienne Cabrol : *Annales de Villefranche*, 1, p, 268.

chives départementales, E. 1131). Quel était le père de Raymond, nous l'ignorons, de même que le nom de famille de sa mère. Mais on sait que dans la plupart des actes et contrats du moyen-âge, les femmes ne sont désignées que par leur nom de baptême.

Dans son ouvrage, M. de Barrau (t. I. p. 310) consacre un chapitre à la famille de Saint-Paul, d'ancienne chevalerie, qui possédait en Rouergue plusieurs grandes terres seigneuriales et fut au nombre des bienfaiteurs des abbaye de Bonnecombe et de Conques. Elle avait probablement quelque affinité avec les seigneurs de Valzergues.

II. — RAYMOND D'ALBIN eut certainement pour fils et successeur BARTHÉLEMY D'ALBIN, qualifié seigneur de Valzergues ; il était mort avant 1395, époque à laquelle Anne d'Albin. sa fille. ratifia la donation que son père avait faite aux religieux de Bonnecombe des sept cents florins d'or, qui lui étaient dus par le Pape *(Titres de Bonnecombe).*

Quel était ce Pape créancier de Barthélemy d'Albin ? ce ne peut être Urbain VI, mais plutôt Clément VII. élu en 1378. reconnu par la France, et mort en 1394, à Avignon ; ou bien encore Boniface IX, élu en 1389, mort en 1404.

Barthélemy d'Albin laissa d'une alliance inconnue :

1° AYMERIC D'ALBIN qui suit :

2° ANNE D'ALBIN, déjà citée, qualifiée, dans l'acte de 1395, par lequel elle ratifie la donation de son père à l'abbaye de Bonnecombe ; « noble dame Anne d'Albin, veuve de noble BERTRAND DU MAS. chevalier ». Elle habitait alors le château de Valzergues. *(Titres de Bonnecombe et Terrier des Prêtres obituaires d'Aubin.)*

3° et 4° JEAN et BERTRAND D'ALBIN présents au contrat de mariage, passé le 13 septembre 1416, entre Jean de Mor-

lhon, seigneur de Sanvenza, et de Marquèse de Balaguier.
C'est peut-être le même Jean d'Albin dit « du château
d'Aubin » qui, le 24 novembre 1401, figure parmi les témoins
du contrat de mariage de Bérenger de la Grave avec
Jeanne de Mancip.

III. — AYMERIC D'ALBIN était coseigneur d'Albin et
seigneur de Valzergues au commencement du XVe siècle
(*Cadastre de 1408-1435*), comme le prouve un bail à nouveau
cens qu'il fît le 22 novembre 1430, et possédait noblement
un hôtel, dit l' « Hostal de Valserguas » dans le faubourg
de la Rocquairie à Aubin.

Il dut mourir de bonne heure, d'après M. Louis Mas
sip, laissant un fils en bas âge : car on lit dans le Terrier
des Prêtres obituaires, cité déjà plusieurs fois : « Hugues
du Puech (*de Podio*), prieur de Naussac, comme administrateur de la maison de Valzergues, légua par testament
du 17 juin 1449, reçu en 1455 par Me Jean de Salhenc
(*de Salhencho*), notaire d'Aubin, la rente sèche d'une
émine de seigle à prendre sur un pré situé dans le terroir
de Baltardive, sur le Ruouviou, dépendant et tenant, en
1594, de noble Charles d'Albin, comme successeur de noble
Bec (Bégon) d'Albin. »

Aymeric d'Albin laissa au moins un fils, JEAN D'ALBIN,
qui suit. On ignore le nom de sa femme.

IV. — JEAN D'ALBIN, seigneur de Valzergues et, plus
tard, de Naussac, du chef de sa femme, nommée à tort,
dans le manuscrit de M. de Pouligny « Marie du Mont »,
comme le fait remarquer M. de Barrau. Il épousa une
parente du mari de sa tante paternelle, MARIE DU MAS,
dame de Naussac (1), d'une ancienne famille d'Aubin, ri-

(1) Naussac, commune du canton d'Asprières.

chement possessionnée non loin de Valzergues, sœur ou cousine de Jean du Mas de Naussac, marié vers 1470 à Hélix de Moret, fille de Jean II, seigneur de Moret, baron de Montarnal, et de Marquèse de Scorailles, appartenant tous deux à de très anciennes et illustres maisons de chevalerie. Plus anciennement, Hélène du Mas avait épousé Raymond de Mancip, d'une maison non moins distinguée ; elle était veuve en 1406, et sœur de Hugues du Mas, habitant d'Aubin.

A propos de cette alliance et de l'origine des seigneurs de Naussac, dont l'un d'eux, Pierre du Mas, reçut en 1329 des lettres de noblesse de Jean Ier, dit le Bon, comte d'Armagnac et de Rodez, nous dirons que cet anoblissement ne prouvait pas une élévation récente dans la hiérarchie sociale de ce temps. Pierre du Mas avait peut-être, l'année précédente, 1328, assisté à la bataille de Cassel où le comte d'Armagnac remporta une signalée victoire sur les Flamands. Contrairement à l'opinion générale qui ne veut voir sous l'ancien régime que deux classes, les nobles, jouissant de tous les privilèges, et les non nobles, taillables et corvéables, il en existait une autre bien distincte l'égale de la première pour l'ancienneté, la richesse et l'indépendance. Les cartulaires ont conservé le souvenir de ses libéralités envers l'Eglise, et nos annales provinciales mentionnent ses services de tout genre. Ces hommes libres — qu'il ne faut pas confondre avec les bourgeois des siècles suivants — vivaient noblement, suivant l'expression consacrée, et arrivaient tout naturellement, sans même recourir à la faveur des princes, à faire partie de la noblesse chevaleresque. Ce n'est que plus tard, que ces familles crurent devoir accepter d'être classées dans la nouvelle hiérarchie sociale établie par la féodalité.

Dans un rapport sur l'ouvrage de M. le marquis de

Boisgelin, concernant l'origine des familles du Midi, notre savant confrère de l'Académie d'Aix, M. le marquis de Gantelmi d'Ille, constate le même fait. « Dans notre Provence, dit-il, où la féodalité n'a réellement pas existé, la noblesse n'était pas autre chose qu'une notabilité due à l'antiquité de l'origine, à la perpétuité des services rendus et à la puissance sociale ou terrienne ; aussi était-elle accessible à tous les mérites. Cette fusion des rangs sociaux, chose au premier aspect surprenante, est d'autant plus fréquente que l'on remonte plus haut le cours des âges. »

La famille du Mas comme bien d'autres, pouvait servir d'exemple à notre remarque. L'un de ses premiers auteurs, Étienne du Mas (*de Manso*) habitant près d'Aubin au XIe siècle, paraît comme témoin, vers l'an 1050, de la donation faite par Astorg de Marcenac à Odolric, abbé de Conques (1). Ses descendants possédèrent des fiefs non loin de là, et notamment dans les paroisses de Galgan et de Naussac. Nous avons vu que Bertrand du Mas, seigneur de Naussac, qualifié chevalier, épousa Anne d'Albin, alliance qui détermina sans doute celle de Jean d'Albin avec Marie du Mas. Celle-ci dût hériter des biens de sa famille éteinte, puisqu'elle les porta à son mari, entre autres la seigneurie de Naussac. Depuis, ses descendants ont ajouté ses armes à celles d'Albin : *d'or, à trois tourteaux de gueules*.

De son mariage, Jean d'Albin laissa au moins deux fils : 1° Charles d'Albin, qui suit ; 2° Bégon, auteur de la branche des seigneurs de Céré en Berry, barons du Chastellier en Touraine ; et, peut-être, Jean d'Albin, religieux, recteur de la paroisse de Naussac en 1508.

---

(1) Le *Cartulaire de Conques* mentionne également un autre Etienne du Mas, fils du précédent.

200 + 10 y.

V. — Charles d'ALBIN, seigneur de Valzergues et de Naussac, lieutenant du sénéchal de Rouergue, qui était alors Ardit de Bar, conseiller et chambellan du roi Louis XI. Il fut probablement le dernier de sa famille à posséder une part dans l'ancien héritage de ses ancêtres, au château d'Aubin. On voit dans le cadastre de 1502 que Guillaume d'Albin et « le Senhor de Valsergas » étaient encore co-seigneurs d'Aubin, chacun pour une faible part. Le premier y avait un domicile au Fort ; le second, Charles d'Albin n'y possédait plus rien, sans doute, fait remarquer M. Lucien Massip, à qui nous devons cette note, depuis qu'il avait fait construire le château de Valzergues où il résidait, quand ses fonctions de lieutenant du sénéchal ne le retenaient pas à Villefranche.

Charles d'Albin, lieutenant de robe courte du sénéchal de Rouergue dès 1498, dut occuper longtemps ces fonctions ; quinze ans après, nous le retrouvons mentionné en ces termes dans les Annales manuscrites de Villefranche : « En 1513, le seigneur de Valzergues, ayant eu commission du Roi, dressa en cette ville une compagnie de cent hommes de pied que l'on nommait alors laquais, et que la ville, craignant un pillage, mit gardes aux portes et aux tours. »

Jusqu'à la fin du XVe siècle, les provinces étaient souvent infestées de bandes armées, appelées selon les pays, armagnacs, cottereaux, malandrins, se livrant au pillage, comme les routiers des XIIe et XIIIe siècles. Les villes, malgré leurs fortifications, n'étaient pas toujours en mesure de repousser les attaques de ces aventuriers : Villefranche était sans doute dans ce cas ; c'est pourquoi Charles d'Albin avait pourvu à sa défense.

Nous trouvons comme contemporain de Charles d'Albin, et sans connaître sa filiation, un Philippe de Valzergues qui fut reçu dans la première bande des cent gentilshommes de l'hôtel du roi Charles VIII, le 1er janvier 1493, au lieu de Christophe de Montberon, et servit dans cet emploi sous Louis XII, jusqu'au 31 juillet 1502 (1).

Charles d'Albin avait épousé Fleurette de Villemade, d'une famille sur laquelle nous n'avons pas de documents, mais qui devait être du Rouergue, comme semble l'indiquer son prénom, assez fréquent dans cette province. Elle était veuve en 1515, lors du mariage de sa fille.

De cette alliance naquirent plusieurs enfants : 1º Antoine d'Albin, qui suit ; et probablement un deuxième fils ;

2º Jean d'Albin, chanoine de Conques, à l'époque de la sécularisation de cette abbaye, en 1537.

3º Antoinette d'Albin, mariée le 31 juillet 1515, à Pierre de la Garde, chevalier, seigneur de Saignes, de Parlan, etc., en Quercy, conseiller au Parlement de Toulouse en 1518, successivement ambassadeur en Pologne en 1519, en Ecosse, en 1525, et en Portugal en 1529 ; mort premier président de la Tournelle à Bordeaux en 1550.

Dans le contrat passé par devant Mᵉ Ainard, notaire à Rudelle, près Figeac, on voit qu'Antoinette d'Albin est assistée de sa mère et de son oncle et tuteur, Bégon d'Albin de Valzergues, qualifié chevalier, seigneur de Céré, l'un des cent gentilshomme de la maison des rois Charles VIII, Louis XII et François Iᵉʳ. La date de ce contrat prouverait que Fleurette de Villemade, veuve de Charles d'Albin, s'était retirée dans le Quercy, sans doute pays de sa famille, après la mort de son mari.

(1) Christophe de Montberon était petit-fils de François, sire de Montberon, vicomte d'Aunay, et de Jeanne de Vendôme. Déjà, les noms de fiefs devenaient plus usuels que le nom patronymique, surtout parmi les puinés de famille, ce qui pourrait faire supposer que Philippe de Valzergues n'appartenait pas à la branche aînée de la maison d'Albin.

La maison de la Garde, d'après les preuves de Cour, dressées par Chérin en 1789, tire son origine de la seigneurie de ce nom près de Tulle, et établit sa filiation depuis Géraud, seigneur de la Garde, en 1240, et s'est répandue en Auvergne et dans le Quercy. Elle a donné à l'Église d'illustres prélats, entre autres, Gaucelin de la Garde, doyen du chapitre de Brioude, en 1278, successivement évêque de Lodève et de Maguelonne, ambassadeur auprès du roi d'Aragon en 1303 ; Géraud de la Garde, élu général des Frères Prêcheurs en 1340, créé cardinal en 1342, par le pape Clément VI, son parent ; Etienne de la Garde, frère du précédent, archevêque d'Arles en 1347, légat du Saint-Siège en Lombardie en 1350 ; Guillaume de la Garde, d'abord archevêque de Braga en Portugal, succède à son frère Etienne sur le siège d'Arles en 1360, et en 1363, couronna l'empereur Charles IV ; en 1371, il fut patriarche de Jérusalem.

Cette famille compte huit chevaliers de Saint-Jean-de-Jérusalem, dont cinq commandeurs, et sept religieuses hospitalières du même ordre.

Antoinette d'Albin eut entre autres enfants de son mariage avec Pierre de la Garde, Louis de la Garde, seigneur de Saignes, gentilhomme des rois Charles IX et Henri III, qui, après avoir fait les campagnes d'Italie et de Lorraine, fut choisi arbitre de tout le parti catholique du Quercy, lors de la paix avec les religionnaires en 1581 ; il fut père de René de la Garde, gentilhomme du roi, mestre de camp du régiment du Quercy, etc., lequel accompagna le duc de Montmorency dans son ambassade en Angleterre.

Les principales alliances de cette famille, encore représentée au château de Saignes par les descendants d'Antoinette d'Albin, sont avec les maisons d'Adhémar, de Belcastel, Bourdeille, La Tour d'Auvergne, Durfort, Fontanges, Langeac, Maumont, Melun, Pierre-Buffière, Trenchelyon, Turenne d'Aynac, La Valette, etc.

Armes : *d'azur, à l'épée garnie d'argent posée en bande* (1).

VI. — Antoine d'ALBIN, chevalier, seigneur de Valzergues, de Naussac, chevalier de l'ordre du roi, sénéchal du Rouergue, fut d'abord, comme son père, lieutenant du sénéchal avant d'occuper lui-même cette charge importante, toujours confiée à des gentilshommes de haut rang. Parmi les prédécesseurs d'Antoine d'Albin, nous comptons Bérenger de Cassagnes, Arnaud de Landorre, Jean de Landorre, Jean de Bennévent ; Amaury de Sévérac, maréchal de France, Arnaud de Carmain, seigneur de Négrepelisse, Guillaume et Gaspard d'Estaing, Aimeric de Castelpers. Il succéda à Antoine de Montblanc, vers 1560.

« Les troubles religieux qui éclatèrent de son temps, dit M. de Barrau, lui fournirent l'occasion de déployer une grande vigueur contre les nouveaux sectaires. » En effet, il se signala par son zèle dans la défense de la religion catholique, alors si puissamment combattue par les ministres protestants dans le Rouergue, et principalement à Villefranche, théâtre des désordres et des sacrilèges qu'ils provoquaient avec une audace sans exemple. Les représailles devaient être violentes, d'autant que Montluc, ami et compagnon du seigneur de Valzergues, y fut appelé par celui-ci. On comprend que, de part et d'autre, les accusations les plus exagérées ne manquent pas chez les historiens contemporains, accusations encore renchéries par les auteurs modernes contre les adversaires de l'hérésie.

On peut s'en faire une idée en lisant dans un grand dictionnaire bien connu, le passage suivant :

(1) Lainé, *Archives de la Noblesse*, t. V ; — Bouillet, *Nobiliaire d'Auvergne.*

« Les réformés vainqueurs se signalèrent par des désordres et des sacrilèges qui, bientôt, attirèrent Montluc
à Villefranche. Il y fit son entrée le 30 mars 1562, et y
marqua sa présence par de sanglantes représailles. Il fait
pendre à la maison de ville les cinq principaux chefs, et
ne quitta Villefranche qu'en y laissant pour gouverneur
un homme à lui, nommé Valsergues, qui y commit les
plus terribles excès. Valsergues fit périr vingt-six bourgeois, livra les femmes et les filles des protestants à la bru-
talité de la soldatesque, et arrêta pour longtemps les progrès
de la réforme. La population s'en souvint, en expulsant,
en 1591, le sénéchal et les officiers du présidial qui étaient
pour les Ligueurs, et en reconnaissant Henri IV (1). »

Il est difficile de juger avec impartialité les apprécia-
tions que dicte la haine et la passion : il faudrait reproduire les récits que nous ont laissés des chroniqueurs contemporains plus véridiques ; et, d'ailleurs, les ruines
amoncelées de tous ces monuments religieux, églises,
abbayes, monastères hospitaliers, sont des témoins irré-
cusables de la barbarie des réformés.

Nous ignorons l'époque de la mort d'Antoine d'Albin ;
nous savons cependant que la charge de sénéchal de
Rouergue était entre les mains d'Antoine de Lévis, comte
de Caylus, chevalier du Saint-Esprit, bien avant 1578,
année de la mort de Jacques de Lévis, son fils, l'un des
mignons de Henri III, tué en duel par Charles de Balzac
d'Entraigues, puisque ce jeune favori du roi avait eu la
survivance de cette charge de sénéchal. Antoine de Lévis
ne mourut que le 6 avril 1586 ; et c'est alors qu'Antoine
de Buisson, baron de Bournazel, chevalier de l'ordre du
roi, neveu de la femme d'Antoine d'Albin, fut, à son tour,

(1) Larousse : v° Villefranche-de-Rouergue.

sénéchal du Rouergue et député de la province aux Etats de Blois en 1588. Les sénéchaux qui succédèrent au baron de Bournazel furent Bertrand Hébrard, baron de Saint-Sulpice, Jean de Morlhon, baron de Sanvenza, Jean d'Arpajon, Antoine de Roquelaure, maréchal de France, François et Anne de Noailles, etc.

Antoine d'Albin de Valzergues avait épousé, étant encore mineur, vers 1535, Françoise de Mancip, fille de Gaspard de Mancip, chevalier, seigneur de Bournazel, et d'Anne de Cardaillac, et petite-fille de Hugues de Mancip de Bournazel, nommé sénéchal de Toulouse en 1461 par le roi Louis XI, ambassadeur près du Pape Pie II, en 1462, et près du roi de Bohême en 1464, et qui avait épousé en 1467, Marguerite de Voisins d'Ambres, fille de Jean, vicomte de Lautrec, et de Marguerite de Comminges.

L'ouvrage de M. de Barrau (t. II, p. 17) contient un long et intéressant chapitre sur la famille de Mancip ou Massip, d'ancienne chevalerie, en possession de la seigneurie de Bournazel depuis le XIIIe siècle, et connue depuis Amélius de Mancip qui, en l'an 1050, donna, conjointement avec Garsende, son épouse, l'église de Monteils au monastère de Conques.

De son mariage avec Anne de Cardaillac, de la branche de la Capelle-Marival, de cette illustre et non moins antique maison des barons et marquis de Cardaillac, encore représentée, Hugues de Mancip n'avait eu que deux filles, l'aînée, Charlotte de Mancip, fut mariée vers 1525 à Jean de Buisson, seigneur de Mirabel, à qui elle porta la baronnie de Bournazel, et devenu plus tard chevalier de l'ordre du Roi, capitaine de cinquante hommes d'armes de ses ordonnances. Il se signala en 1544, au combat de Cérizolles, où il fut blessé et armé chevalier par le roi François Ier. C'est son fils, Antoine de Buisson, baron de Bournazel, qui fut, ainsi que nous l'avons dit, sénéchal de Rouergue en 1586, après le comte de Caylus.

Les armes de Mancip étaient : *d'azur à trois coquilles d'argent*.

De son alliance avec Françoise de Mancip, Antoine d'Albin laissa : 1º JEAN D'ALBIN, qui suit ; 2º ETIENNE D'ALBIN, que l'on croit l'auteur d'un rameau établi en Auvergne. En 1565, il était capitaine-châtelain du château de Morlhon pour les évêques de Rodez auxquels appartenait cette place importante, et où ils entretenaient pour sa garde des châtelains toujours choisis parmi les familles les plus considérables du pays, selon la remarque de M. de Barrau.

3º MADELEINE D'ALBIN DE VALZERGUES ;

Dans la généalogie manuscrite de la Bibliothèque Nationale, Madeleine d'Albin n'est pas comprise parmi les enfants d'Antoine d'Albin et de Françoise de Mancip Bournazel, mais tout porte à croire que c'est une de ces omissions très fréquentes dans les courtes notices de ce genre, dans lesquelles on se bornait, d'ailleurs, pour chaque degré, de donner le nom du fils aîné, et très rarement celui de toutes les filles. Nous pensons donc que cette Madeleine est bien la même que celle qui épousa noble ANTOINE DU CROS, seigneur de Lieucamp, peut-être fils ou neveu d'autre Antoine du Cros (del Cros), capitaine du château de Rodelle en 1531, d'une famille connue depuis le XIIIᵉ siècle, et qui posséda les seigneuries de Planèse, de Lestang, de Combrouse, en Rouergue, et la baronnie de Belcastel en Lauraguais, et dont les armes étaient : *d'azur, au lion couronné d'or*.

De cette union vint une fille, Charlotte du Cros, mariée par contrat du 11 février 1577, à Michel de Laparra, chevalier, seigneur de la Tour, veuf de Marie de Salgues,

fils d'Hélion de Laparra et de Gaugette de Roquetaillade,
qualifié en 1569, gentilhomme de la maison de Charles IX.
Ils testèrent le 11 avril 1598, en faveur de leur fils, Michel
de Laparra, qui épousa Catherine de Fontanges. Leur
postérité, alliée aux familles de Rességuier, de Scorailles,
de Lastic, de Falguières, de Moré, de Roquefeuil,
etc., n'était plus représentée, il y a peu d'années, que
par Mme la comtesse Adrien de Méric de Vivens, née Françoise de Laparra, résidant au château de Salgues, canton
de Saint-Chély (Aveyron), petite-nièce de Guy-Augustin
de Laparra, comte de Salgues, maréchal-de-camp, commandeur de Saint-Louis, né en 1725, descendant au
cinquième degré de Madeleine d'Albin de Valzergues.

M. de Barrau, dans son ouvrage (t. III, p. 557) a consacré une notice particulière au comte de Salgues qui,
après de brillants services durant la guerre de Sept-Ans,
sortit de sa retraite à la Révolution, et alla se joindre à
ses anciens compagnons d'armes à l'armée de Condé dont
il devint le général-major. A l'affaire de Constance, le
7 octobre 1799, le fidèle défenseur de la cause royale, étant
à la tête des grenadiers de Bourbon, tombait glorieusement les armes à la main a l'âge de soixante-quatorze
ans, frappé de deux balles, ayant à ses côtés deux neveux
de son nom. On transporta ses dépouilles mortelles à
l'abbaye de Petershausen où l'abbé du monastère lui fit
élever un riche mausolée.

4° GABRIELLE D'ALBIN, abbesse de Sainte-Claire de
Graneirac, au diocèse de Rodez, laquelle, en 1607, résigna
son abbaye en faveur de sa nièce, Marguerite d'Albin de
Valzerques, avec l'autorisation de Henri IV qui en fit
ainsi lui-même la demande au pape Paul V.

« Tres Sainct Pere, Nostre tres chere et bien aimée sœur Gabrielle d'Albin de Valsergues, abbesse de l'abbaye Sainte-Claire de Granerac, au diocèse de Rodez, nous a faict entendre qu'elle desiroit singulierement, sous le bon plaisir de Vostre Saincteté et le nostre, resigner la dicte abbaye en faveur de sœur Marguerite d'Albin de Valsergues, sa niepce ; et d'autant que nous aurons la dicte resignation pour bien agreable, pour les bonnes vertus et qualitez qui sont en elle, à ceste cause, Tres Sainct Père, nous la nommons et presentons à Vostre Saincteté, en la priant et requerant autant et si affectueusement que faire pouvons, que le bon plaisir d'Icelle soit, à nostre nomination, priere et requeste, auctoriser la dicte resignation en octroyant et faisant expedier ses bulles. A tant nous prions Dieu, Tres Sainct Pere, qu'il veuille maintenir et preserver longuement et heureusement Vostre dicte Saincteté au bon regime et gouvernement de nostre mere saincte Eglise.

Vostre devot fils,

HENRY (1).

Les Clarisses avaient fondé ce monastère dans la paroisse de Claunhac ; il fut ensuite transféré à Villefranche.

Avant de parler du fils aîné d'Antoine d'Albin, son successeur comme seigneur de Valzergues, nous allons donner les quelques notes, bien incomplètes, que nous avons pu recueillir sur le rameau formé par les descendants d'Etienne d'Albin, capitaine-châtelain du château de Morlhon.

Ce rameau de la famille d'Albin fut reconnu, lors des productions pour les maintenues de noblesse en 1666, comme étant détaché de la branche des seigneurs de

(1) *Lettres missives de Henri IV*, t. IV, p. 422

Valzergues; et ses représentants à cette époque « prouvèrent leur filiation, dit le savant auteur du Nobiliaire d'Auvergne, J. B. Bouillet, depuis Antoine d'Albin, marié avant 1553, à Françoise de Maneip, et contractèrent des alliances avec les familles d'Apchon Saint-Germain, de Lostanges, de La Valette, de Cahuzac, etc. »

L'ordre des temps nous permet donc de regarder comme fille d'Etienne d'Albin, Chrétienne d'Albin, mariée à Antoine d'Apchon Saint-Germain, seigneur de Serezat et de Chanteloube, second fils d'Artaud IV, sire d'Apchon, chevalier de l'ordre du Roi, capitaine de Cent Hommes d'Armes, lieutenant-général pour S. M. en Lyonnais, Forez, Beaujolais, Bourbonnais et Auvergne, et de Marguerite d'Albon, fille de Jean d'Albon Saint-André, chevalier d'honneur de la reine Catherine de Médicis, gouverneur de la Marche, etc., et l'un des compagnons de La Trémoïlle et Bonnivet dans les guerres d'Italie. Antoine d'Apchon, mari de Chrétienne d'Albin, fut, comme son père, lieutenant-général aux gouvernements de Lyonnais, Forez et Beaujolais, en l'absence de son oncle maternel, Jacques d'Albon, marquis de Fronsac, maréchal de de France en 1547, célèbre dans l'histoire sous le nom de maréchal de Saint-André, et qui fut tué en 1562 à la bataille de Dreux. Antoine d'Apchon laissa de son mariage, Jean d'Apchon, mort avant 1620, époux de Jeanne de Saint-Paul, et père de Jacques-Artaud d'Apchon, allié en 1644 à Gilberte d'Apchon Saint-Germain. La petite-fille de celui-ci, Philiberte, héritière de la terre d'Apchon, première baronnie de la Haute-Auvergne, épousa en 1708 Gilbert-Gaspard de Chabannes, comte de Pionsat, et mourut en 1748.

Les Sires d'Apchon portaient pour armes : *D'or, semé de fleurs de lys d'azur.*

A cette même branche devait encore appartenir Denis d'Albin, écuyer, seigneur de Belvezaix, garde du corps de la maison du roi Louis XIV, capitaine d'une compagnie de chevau-légers, résidant au château de Châliers et que l'on voit mentionné parmi les seigneurs d'Auvergne dans une revue passée en 1674 (1).

Le Nobiliaire d'Auvergne indique ainsi les armes des descendants d'Etienne d'Albin : Ecartelé : *aux 1 et 4, de sable, au lion rampant d'or, aux 2 et 3 d'argent, à trois tourteaux de gueules : au lambel d'or brochant sur les 1er et 2e quartiers.* Ce sont évidemment des armes de puînés.

Gérard d'Albin de Valzergues, chevalier de Malte en 1602, dont le nom est parfois écrit, *Gaspard d'Albons de Vausserques*, et Jacques de Valzergues, chevalier de Malte en 1660, pourraient se rattacher à cette branche d'Auvergne; mais nous n'avons pas encore retrouvé leur filiation, pas plus que celle de Balthazar d'Albin, également chevalier de Malte, cité par Vertot, en l'année 1631. Nous le croyons plutôt de la branche de Ceré.

VII. — Jean d'ALBIN, deuxième du nom, chevalier' seigneur de Valzergues et de Naussac, fut élevé à la cour de François Ier, et figure, au commencement de l'année 1547, parmi les pages du Roi. Il épousa, avant 1570, Catherine de Lostanges Saint-Alvère, fille de Bertrand de Lostanges, chevalier, seigneur de Saint-Alvère, chevalier

---

(1) Bouillet : *Nobiliaire d'Auvergne*, t. VII p. 349. Il est probable que le fief de Belvezaix appartenant à Denis d'Albin est le même que le château de ce nom dans la commune d'Antérieux (Cantal) aux limites de l'Auvergne et du Gévaudan, berceau de la famille de Bellevezaix qui avait vendu cette seigneurie le 30 octobre 1620 à François de Montvallat. De même, le château de Châliers, d'après Bouillet avait successivement appartenu aux maisons d'Apchier et de Moré. Il est situé sur les bord de la Truyère entre Ruines, chef-lieu de canton du Cantal, et les limites de Gévaudan et était encore, en 1847, possédé par l'abbé de Moré de Charaix, vicaire général de Saint-Flour.

de l'Ordre du Roi, et de Marie de Montberon, dame et baronne de Paillé, et petite-fille de Jean de Lostanges et de Marie de Salignac Fénelon : celle-ci fille de Jean de Salignac et de Catherine de Lauzières-Thémines.

Nous ne dirons que quelques mots de la maison de Lostanges, encore représentée. Originaire du Limousin où est situé le château de ce nom, elle était considérable dès le XIIe siècle, disent les historiens qui ont énuméré ses alliances et ses services militaires. La baronnie de Paillé apportée par Marie de Montberon, était un ancien partage de la vicomté d'Aunay en Saintonge. Il est également inutile de rappeler l'illustration de la maison des sires de Montbaron en Angoumois, éteints depuis longtemps. La mère de Mme de Valzergues, appartenait à la branche des seigneurs de Beauregard : elle avait pour bisaïeul François, sire et baron de Montberon, de Maulevrier et d'Avoir, marié en 1403 à Louise de Clermont, vicomtesse d'Aunay, unique héritière de Jean de Clermont et d'Eléonore de Périgord, fille d'Archambaud IV, comte de Périgord. Son bisaïeul, Jacques de Montberon, maréchal de France en 1421 avait épousé Marie de Maulevrier, fille et héritière de Renaud, baron de Maulevrier et d'Avoir, et de Béatrix de Craon dont la mère était Marguerite de Flandre (1).

Le frère aîné de Mme de Valzergues, Hugues de Lostanges, s'allia à Galiotte de Gourdon de Genouillac, et l'aîné de ses neveux, Jean-Louis de Lostanges, épousa Elisabeth de Crussol, fille du duc d'Uzès. Le second, Louis-François de Lostanges est l'auteur des marquis de Béduer qui est encore représentée.

François de Lostanges, son oncle paternel, marié à

____

(1) Voy. P. Anselme, Moreri La Chenaye Desbois, Nadaud : *Nobiliaire du Limousin*, Lainé, etc.

Marguerite de la Tour, avait eu en partage la baronnie de Paillé, et forma sous ce nom une branche que Moréri et La Chenaye-Desbois n'ont fait qu'indiquer. On nous permettra donc d'énumérer brièvement la suite des possesseurs de cette baronnie de Saintonge. Sa fille, Charlotte de Lostanges, épousa le 10 janvier 1658, Joseph Gillier, marquis de Villedieu. Sa petite-fille, Marie-Anne Gillier, marquise de la Villedieu et baronne de Paillé, porta en 1684 ces deux terres à son mari Jean d'Aitz de Mesmy, marquis de la Guillotière. Louise d'Aitz de Mesmy transmet à son tour la baronnie de Paillé à Louis-Aimé de Goullard d'Arsay, chevalier, seigneur de Verrières. De ce dernier mariage naquirent trois filles, Mmes de Lezay, de la Faye-Champlorier et de Bremond ; ce fut cette dernière, Marie-Suzanne de Goullard, qui eut en partage la terre de Paillé. C'est pourquoi son mari, Joseph-Philippe-Antoine-Pierre, comte de Bremond, comparant à l'assemblée de la noblesse de Saint-Jean d'Angély en 1789, est qualifié baron de Paillé. Il était lui-même le dernier représentant de la branche des seigneurs de Bossée en Touraine, divisée en plusieurs rameaux (1).

(1) Pierre de Bremond était fils de Louis-Jacques de Bremond, chevalier, seigneur de Clavière et de Suzanne de Fricon, d'une famille distinguée de la Marche qui compte sept chevaliers de Malte, dont deux commandeurs. Nous devons plusieurs de ces notes à M. le baron Hulot de Collart dont l'obligeance égale l'érudition. Il était d'autant plus à même de nous les fournir que, par sa mère, Mlle de Collart dont il a relevé le nom, il descend de cette branche de Clavière et de Bossée, et que son quatrième aïeul, le colonel François de Collart, chevalier de Saint-Louis, était fils de Claude de Collart, seigneur de Coucy en Rethelois et de Madeleine de Bremond, petite-fille d'Abel de Bremond, seigneur de Bossée en Touraine, chevalier de l'ordre du Roi en 1610. Dans l'intéressant ouvrage de M. Isidore Guët, « Le colonel François de Collart et la Martinique de son temps, 1662-1720 », on voit que le vaillant compagnon des premiers conquérants de cette colonie, avait épousé en 1685, Angélique-Anne de Sainte-Marthe, fille d'Antoine-André de Sainte-Marthe, gouverneur de la Martinique, le vainqueur de Ruyter, et que, par suite de l'extinction de toutes les branches de cette illustre famille de Sainte-Marthe, si connue par les nombreux savants qu'elle a produits, M. le baron Hulot

Mais pour revenir à la maison de Lostanges, nous dirons que les quelques citations ci-dessus suffisent pour faire connaître l'état de la plus proche parenté de Catherine de Lostanges, épouse de Jean d'Albin de Valzergues.

LOSTANGES porte pour armes : *d'argent au lion de gueules, armé, lampassé, couronné d'azur, et accompagné de cinq étoiles de gueules en orle.*

MONTBERON portait : *écartelé au 1 et 4 fascé d'argent et d'azur ; aux 2 et 3 de gueules plein.*

Jean d'Albin n'était pas moins bien apparenté que sa femme Catherine de Lostanges : et, dans sa jeunesse, à la cour de François Ier, il dut y retrouver des alliés de sa mère et de son aïeule Anne de Cardaillac. Elle était fille d'Astorg de Cardaillac. marié le 8 juin 1477 à Catherine de Gimel, nièce de Blanche de Gimel que Pierre de Beaufort, vicomte de Turenne, avait épousée, en 1432 ; d'où vint Anne de Beaufort qui en 1444 porta la vicomté de Turenne à son mari Agne de la Tour. Leur fils, Antoine de la Tour, vicomte de Turenne, cousin issu de germain d'Anne de Cardaillac, s'était allié en 1494 à Antoinette de Pons, fille de Guy, sire de Pons en Saintonge, et leur petit-fils, François III de la Tour, vicomte de Turenne, épousa en 1545, Eléonore de Montmorency, fille du connétable, et fut le père d'Henri de la Tour, maréchal de France en 1592, vicomte de Turenne et prince de Sedan par sa première femme, Charlotte de la Marck, duchesse de Bouillon ; de sa seconde femme, Elisabeth de Nassau, naquit le maréchal de Turenne.

Les divers généalogistes qui ont parlé de la maison de

de Collart est également le plus autorisé à faire revivre ce nom célèbre dans la République des lettres, comme disait Diderot. M. le baron Hulot de Collart est le fils d'un officier supérieur d'artillerie distingué et le neveu du général baron Hulot, mort en 1843, dont on a publié les « Souvenirs militaires ».

Cardaillac ont donc eu raison de dire que par cette alliance avec Catherine de Gimel elle se trouvait alors apparentée avec les premières familles du Limousin, du Languedoc et du midi de la France. Tous les historiens et généalogistes, entre autres Moréri, La Chenaye-Desbois, H. de Barrau, etc., la regardent comme l'une des plus considérables de la Guienne par ses nombreuses et importantes possessions territoriales, comme par son ancienneté. Elle prend son nom de la ville de Cardaillac, près de Figeac, bâtie près de l'emplacement d'un château-fort datant, paraît-il, du VIIe siècle. Dès cette époque reculée, les chroniques, dit M. de Barrau, font mention d'un Bertrand de Cardaillac, puissant seigneur combattant pour Pépin contre Waiffre, duc d'Aquitaine. Cette famille se divisa sans doute en plusieurs branches établies dans les provinces voisines, bien avant le XIIe siècle. On peut donc admettre qu'elles durent, malgré leur éloignement du berceau commun, tenir à la conservation du même nom. L'antique baronnie de Cardaillac fut érigée en marquisat en 1665 ; ce titre est porté aujourd'hui par M. le marquis Jacques de Cardaillac, résidant au château de Latrayne près de Souillac (Lot), représentant de cette branche du Quercy, comme on le voit dans une notice très documentée, parue dans l'*Annuaire de la Noblesse* de cette année 1902. Nous y renvoyons le lecteur, qui pourra également y voir la filiation suivie des seigneurs de Lomné en Bigorre, connus par actes authentiques depuis Perégrin de Cardaillac vivant en 1150. Leurs alliances furent en rapport avec leur situation élevée, entre autres celles avec les maisons d'Aurillac, de Bourbon, de Damas, de Durfort, d'Estaing, de Gontaut-Biron, Gourdon de Genouillac, de Lauzières de Thémines, de Levis-Caylus, de Lur Saluces, de Morlhon, de Murat-le-Vicomte, de

Narbonne, de Turenne, etc., et pour les Cardaillac de Bigorre, aux familles d'Asson, de Barèges, de Castelbajac, d'Esparbez de Lussan, de Galard, de Lomagne Terride, de Lomné, de Monk d'Uzer, de Mun, d'Esmond, de Mauléon, de Montesquiou, de Polastron, etc. On compte, pour le Quercy, six évêques, des sénéchaux et gouverneurs de provinces, des chevaliers des ordres de Saint-Michel et du Saint-Esprit, des officiers généraux, etc.

Si cette digression sur le nom de Cardaillac est un peu plus étendue que sur les autres alliances de la maison d'Albin, c'est en raison de son affinité avec une famille qui nous intéresse personnellement, celle de Verdelin — aujourd'hui éteinte — et trois fois directement unie à la nôtre ; et même récemment, nous avions l'occasion de citer les noms de deux vaillants marins du nom de Cardaillac, de la famille de Lomné, proches parents de nos deux aïeuls paternel et maternel. C'est pendant la guerre de Sept-Ans, que Paul de Cardaillac, chevalier de Malte, capitaine de vaisseau, fut tué à l'abordage, au combat de Praya (16 avril 1781), et que son frère Arnaud de Cardaillac, également chevalier de Malte, avait péri à bord de la frégate *La Brune*, le 16 janvier 1761, dans un combat contre deux frégates anglaises.

Ils étaient fils d'Arnaud II, comte de Cardaillac, seigneur de Lomné, baron d'Esparros, chevalier de Malte, qui, étant veuf de Marie-Thérèse de Rochechouart, s'était remarié, le 2 décembre 1731, à Louise-Françoise-Gabrielle de Mirande, fille d'Henri-Séguin de Mirande, seigneur de Sainte-Gemme en Saintonge, et d'Antoinette de Verdelin. Ces deux frères, morts si glorieusement, tous deux chevaliers de Malte, étaient bien dignes des dix autres chevaliers du même ordre et de leur nom. La famille de leur grand'mère maternelle, Antoinette de Verdelin, ne

200 + 10 v.

s'était pas moins distinguée par ses services à Rhodes et à Malte : elle avait fourni vingt-et-un chevaliers de Saint-Jean de Jérusalem, dont un grand-commandeur de Provence — la première dignité après celle de Grand Maître. Rhodes et Malte avaient toujours été l'école du courage et du dévouement.

Il existait une alliance plus ancienne : Jean-Antoine de Verdelin, baron de Montégut, avait épousé, le 18 mars 1635, Jeanne de Mun, fille d'Alexandre de Mun et de Jacqueline de Cardaillac, dame de Sarlabous, comme héritière de son père, Jean de Cardaillac. Il fut le quatrième aïeul d'Auguste-Charles, marquis de Verdelin Montégut, capitaine d'état-major, mort en 1824, le dernier de son nom (1).

De son mariage avec Catherine de Lostanges, Jean d'Albin eut au moins deux enfants : 1° CHARLES D'ALBIN, qui suit ;

2° MARGUERITE D'ALBIN, qui, en 1607. devint abbesse de Sainte-Claire de Graneirac, au diocèse de Rodez, par démission de Gabrielle d'Albin de Valzergues, sa tante, comme nous l'avons vu par la lettre du roi Henri IV au Pape Paul V.

VIII. — CHARLES D'ALBIN, deuxième du nom, chevalier, seigneur de Valzergues, de Naussac, etc., est qualifié sénéchal de Rouergue en 1613, par La Chenaye-Desbois

___

(1) V. *Les Marins Français dans les derniers combats livrés contre les Anglais sur les côtes de Bretagne.* Épisode de la guerre de Sept-Ans. M. le baron de Cardaillac, aujourd'hui représentant, avec son frère Xavier de Cardaillac, les Cardaillac de Lomné, a eu l'obligeance de me communiquer des notes précises sur ses deux grands oncles, Paul et Arnaud de Cardaillac, les intrépides marins qui succombèrent dans la guerre de Sept-Ans.

Je saisis cette occasion de remercier l'érudit magistrat, président de la Société des Lettres, Sciences et Arts d'Agen, quand il était conseiller à la cour d'appel de cette ville, avant d'aller siéger parmi les juges du tribunal de la Seine.

(généalogie de Durfort), et par Bouillet ; mais c'est une erreur, puisque à cette époque le sénéchal de cette province était Jean de Buisson, IIe du nom, marquis de Bournazel, baron de Mirabel, qui exerçait cette charge en l'absence de son fils François, lequel avait été nommé sénéchal en 1656, sur la démission d'Anne de Noailles.

Peut-être Charles d'Albin fut-il simplement lieutenant du sénéchal, comme l'avait été son grand-père Charles d'Albin, avec lequel les généalogistes ont pû le confondre.

Il épousa GABRIELLE DE CAJARC, fille de messire de Cajarc, chevalier, seigneur de Gailhac, en Quercy, et de Marguerite de Durfort, de la branche de Boissières.

La maison de Cajarc prenait son nom de Cajarc-sur-le-Lot, en Quercy, aujourd'hui petite ville de deux mille habitants, chef-lieu de canton de l'arrondissement de Figeac (Lot) ; et était connue depuis Raymond de Cajarc, seigneur dudit lieu et de Gailhac, dont les héritiers, Pierre, Gailhard et Bertrand de Cajarc, plaidaient en 1272 contre la prieure d'une abbaye voisine. (Recueil de Doat ; Courcelles : *Généalogie de Corn.*)

Gabrielle de Cajarc pouvait être la sœur de Jacques de Cajarc, chevalier, seigneur de Gailhac, marié vers 1618, à Jeanne de la Valette, et petite nièce d'Antoinette de Cajarc qui avait épousé, en 1561, Pierre de Lescure, qualifié baron de Lescure.

Cette famille s'est encore alliée à celles de Baulac, de Raynal, de Saint-Félix, etc.

Nous n'avons pas d'autres documents et nous la croyons éteinte. Ses armes étaient : *de gueules, à la bande d'or.*

Marguerite de Durfort, belle-mère de Charles d'Albin de Valzergues, était fille de Jacques de Durfort, baron de Boissières, chevalier de l'ordre du roi, gentilhomme du prince de Condé, et de Louise de Pompadour ; celle-ci fille de François de Pompadour, vicomte de Comborn, chevalier des ordres du roi, chambellan de François Ier.

Mme de Cajarc était sœur de Geoffroy de Durfort, baron de Boissières, marié en 1572 à Charlotte de Gontaut Biron, et de Françoise de Durfort, femme en 1557 d'Armand de Clermont de Piles, le célèbre chef des protestants, tué à la Saint-Barthélémy, et d'autre Françoise de Durfort, alliée à Flotard de la Roquebouillac, chevalier de l'ordre du roi, commandant en Guienne en l'absence de Montluc.

De son alliance avec Gabrielle de Cajarc, Charles d'Albin laissa quatre enfants :

1° GÉRAUD D'ALBIN, qui suit ;

2° JACQUES D'ALBIN, qui embrassa l'état ecclésiastique ;

3° CATHERINE D'ALBIN, mariée par contrat du 3 novembre 1612, à ANTOINE DE DURFORT, chevalier, seigneur de Léobard et de Montségur, son parent par son aïeule maternelle, mestre de camp d'un régiment de cavalerie de son nom et gouverneur de Domme, fils de Jacques de Durfort, baron de Boissières, et de Marguerite d'Ebrard de Saint-Sulpice.

Catherine d'Albin étant morte sans enfants, Antoine de Durfort épousa en secondes noces, par contrat du 2 avril 1629, Madeleine de Cardaillac, fille de François-Gilbert de Cardaillac, marquis de la Capelle-Marival, et de Madeleine de Bourbon Malause, tante de Louis de Bourbon, marquis de Malause.

La maison de Durfort est trop connue par son illustration pour qu'il soit nécessaire de lui consacrer une notice pariculière. Ses armes sont : *d'azur, à la bande d'or.*

IX. — GÉRAUD D'ALBIN, chevalier, seigneur de Valzergues, de Naussac, etc., ne nous est connu que par quelques actes et par son mariage, vers 1625, avec LOUISE

DE SAINT-GEORGE VÉRAC, fille de Louis, chevalier, seigneur de Loubigné, du Petit-Couhé, etc., gentilhomme ordinaire de la chambre du roi Henri IV, et d'Elisabeth de Bremond d'Ars Balanzac. Elle était veuve de Guillaume de Machecoul, chevalier, seigneur de Saint-Etienne.

Géraud d'Albin était veuf avant le 8 novembre 1648, car, à cette date, agissant tant en son nom que comme tuteur de François, Louise et Marie ses enfants, et de feu Louise de Saint-George, il passait un acte de partage (Guillard et Fraigneau, notaires à Saint-Maixent et à la Mothe-Saint-Héraye), avec Marguerite de Saint-George, sa belle-sœur, veuve de Bonaventure Forain, chevalier, seigneur de la Bonninière. Le 13 juin 1627, Louise de Saint-George avait fait une donation au nom de son mari et au sien *(Greffe de Saint-Maixent)*.

La maison de Saint-George, l'une des plus distinguées de la Marche Limousine, comme l'atteste Chérin, prenait son nom d'une seigneurie qu'elle possédait près de Bourgneuf, depuis la haute antiquité si l'on s'en rapporte à une chronique qui la mentionne dès le IXe siècle. Un ancien dicton plaçait cette famille au nombre des plus considérables de la Marche :

> Pompadour pompe,
> Ventadour vante,
> Bonneval pour la noblesse,
> Des Cars pour la richesse :
> Saint-George et Saint-Julien
> Ne leur cèdent en rien.

Un de ces seigneurs de Saint-George figure, en 1066, parmi les compagnons de Guillaume-le-Conquérant.

En 1191, Raoul de Saint-George fait partie de la troisième croisade, et en 1250, Olivier de Saint-George prend également la croix.

La filiation suivie commence à Pierre de Saint-George, marié à la sœur de Renaud d'Aubusson. Etant passé à Rhodes, il est fait prisonnier par les Turcs et ne recouvre la liberté que par l'entremise du pape Clément V (Bertrand de Goth), son parent. Son petit-fils, Olivier de Saint-George, est tué à la bataille de Poitiers en 1356. Olive de Saint-George, fille de celui-ci, épouse Pierre de Nailhac, et fut mère de Philibert de Nailhac, élu grand-maître de Rhodes en 1396.

Cette famille s'est divisée en plusieurs branches qui se sont successivement éteintes. Celle des marquis de Couhé Vérac qui a joui quatre fois des honneurs de la cour, a donné plusieurs lieutenants-généraux, chevaliers du Saint-Esprit, un archevêque de Lyon, un grand bailli d'Auvergne, maréchal de l'ordre de Saint-Jean de Jérusalem, et un pair de France sous la Restauration, gouverneur de Versailles, Olivier de Saint-George, dernier marquis de Vérac, mort en 1838, ne laissant que des filles de son mariage, en 1810, avec Mlle de Noailles, entre autres, Mmes la comtesse de Rougé, la marquise Costa de Beauregard et la comtesse de Castries. Le marquis de Vérac était fils d'autre Olivier de Saint-George, ambassadeur en Danemarck, et de Mlle de Croy, fille du duc d'Havré et de Mlle de Montmorency-Luxembourg.

Parmi les autres alliances directes de la famille de Saint-George, nous citerons celles avec les maisons d'Apchon, Bouchard d'Aubeterre, de Caumont la Force, de Chabanais, du Chastelet, de Crémeaux d'Entragues, du Fou, Frotier de la Messelière, Green de Saint-Marsault, d'Hautefort, de Jumilhac, de la Muce, de la Rochefoucauld, de Mortemer, du Mesnil-Simon, d'Oyron, de Parthenay, de Pons-Mirambeau, de Ravenel, de Riencourt, de Rochechouart, de Roffignac, de Saint-Gelais-

Lusignan, de Saint-Simon Courtomer, d'Ussel, de Vinti-mille, etc.

La baronnie de Couhé, en Poitou, fut érigée en marquisat par lettres de février 1652.

Armes : *d'argent, à la croix de gueules*; cimier : une mélusine; supports deux sirènes (1).

La branche de Couhé-Vérac écartelait de Rochechouart, depuis l'alliance, en 1404, d'Olivier de Saint-George avec Catherine de Rochechouart, fille d'Aimery de Rochechouart-Mortemart et de Jeanne d'Angles.

Elisabeth de Bremond d'Ars Balanzac, mère de Louise de Saint-George, mariée le 8 août 1591, à Louis de Saint-George, était fille de François de Bremond, chevalier, seigneur et baron de Balanzac en Saintonge, et de Vaudoré en Poitou, panetier et gentilhomme des rois Henri II, François II, Charles IX, Henri III et Henri IV, capitaine de cent-hommes d'armes, etc. ; et de Louise de la Forest-sur-Sèvre, fille de Guy de la Forest-sur-Sèvre, et de Marguerite de Montberon, héritière de Vaudoré après Charles de la Forest-sur-Sèvre, son frère, décédé sans enfants (2).

Louise de Saint-George était morte avant le 8 novembre 1648, époque à laquelle Géraud d'Albin, son mari, partageait avec sa belle-sœur, Marguerite de Saint-George, femme de Bonaventure Forain, seigneur de la Bonni-

(1) V. Saint-Simon, La Chenaye Desbois, Saint-Allais, Courcelles, B. Filleau : *Dictionnaire du Poitou ;* Nadaud : *Nobiliaire du Limousin*, nouvelle édition, t. II, p. 301 et suivantes etc.

(2) L'un des chefs de l'armée protestante et des plus vaillants capitaines du roi de Navarre : il contribua, dit l'historien de Thou, au succès de la bataille de Coutras.

Louise de Saint-George, femme de Géraud d'Albin, se trouvait donc alliée à son mari par les Montberon dont descendait aussi Catherine de Lostanges, Les affinités entre les principales maisons féodales expliquent les alliances contractées avec des familles de provinces si éloignées les unes des autres, car ordinairement les mariages avaient lieu entre voisins les plus proches.

nière, les successions de ses beau-père et belle-mère, Louis de Saint-George et Elisabeth de Bremond.

Nous ne connaissons pas la date de la mort de Géraud d'Albin. Il laissait trois enfants :

1° FRANÇOIS D'ALBIN, qui suit ;

2° LOUISE D'ALBIN, mariée à GABRIEL DES GITTONS, chevalier, seigneur de la Baronnière, (paroisse de Vançay près Lusignan), fils d'autre Gabriel et d'Angélique Desmier, fille d'Alexandre, seigneur de Chenon, et de Françoise Guyot d'Asnières. Cette famille remonte sa filiation à Jean des Gittons, marié, le 1er mai 1400, à Françoise d'Alloue.

Gabriel des Gittons avait été maintenu dans sa noblesse le 10 décembre 1667, ainsi que ses parents du même nom. Vertot nous donne les noms de deux chevaliers de Malte : Briand des Gittons, reçu en 1606, et Jean des Gittons, reçu en 1606.

M. L. de La Roque, dans sa liste générale des chevaliers de cet ordre, en ajoute un troisième, Jean des Gittons, reçu en 1646. Leurs armes étaient : *d'azur, à trois gittons ou besants d'or.*

Gabriel des Gittons mourut avant 1684, sans enfants, léguant sa fortune à sa femme, au détriment de ses frères, Benjamin et François des Gittons, dont le premier était marié et laissa postérité.

Devenue veuve, Louise d'Albin disposa de ses biens, tant personnels que de ceux provenant de son mari, en faveur de son neveu, Louis de Rechignevoisin, fils de sa sœur, et de sa petite-nièce, Marie-Thérèse de Rechignevoisin, mariée à François-Boniface de Castellane.

3° MARIE D'ALBIN, mariée le 17 décembre 1658, à JEAN DE RECHIGNEVOISIN, chevalier, seigneur de Guron, capitaine au régiment de la Reine, fils de Gabriel de Rechignevoisin, seigneur de Guron, gentilhomme de la chambre du Roi, colonel d'un régiment d'infanterie, etc., et petit-fils de Jean de Rechignevoisin, si connu sous le nom de Guron par ses ambassades, et par la faveur dont il jouissait auprès du cardinal de Richelieu ; il était neveu de Louis de Rechignevoisin, évêque de Comminges.

Jean de Rechignevoisin testa le 10 décembre 1668, en faveur de Marie d'Albin, sa femme, et laissa trois enfants : 1° Louis-Archambaud de Rechignevoisin, marié à Marie-Anne Frotier de la Messelière, dont Marie-Thérèse, qui, le 16 avril 1690, porta les terres de Guron et de la Baronniere à son mari, François-Boniface, comte de Castellane-Norante, chevalier de Malte, maréchal de camp, etc. (1), et Louise de Rechignevoisin, femme de Louis de Marconnay, marquis de la Millière. 2° Marie-Henriette de Rechignevoisin, mariée le 5 novembre 1679, à Frédéric Eschallard, seigneur de Chastillon, morte sans enfants ; 3° Marie-Thérèse de Rechignevoisin, mariée avant 1695 à Alexandre-François de Montesquiou de Lasseran de Montluc, marquis de Massencome.

La maison de Rechignevoisin, d'ancienne chevalerie et qui s'est éteinte dans la famille de Reboul autorisée, en 1993, à en relever le nom, prend son nom d'une terre située sur les confins de la Marche et du Berry. Elle est connue

(1) De ce mariage vinrent six enfants, entre autres : Philippe-François-Louis-Alexandre, marquis de Castellane, seigneur de Guron, de la Baronniere, etc., mestre de camp ; Charles de Castellane, commandeur de la Villedieu, André de Castellane, évêque de Glandevès, mort en 1751 ; Marie-Anne-Thérèse de Castellane, mariée en 1725 à Antoine de Raity de la Villeneuve, marquis de Trans et de Vittré, grand-père du lieutenant-général comte de Vittré, mort en 1850. Michel-Ange-Marie Boniface, marquis de Castellane Norante, mestre de camp, etc., petit-fils de Marie-Thérèse de Rechignevoisin, est l'aïeul de M. le marquis Lionel de Castellane Norante, actuellement chef des noms et armes de la maison de Castellane. (*Annuaire de la Noblesse*, 1894, p. 335 et suiv.)

depuis Jean de Rechignevoisin, chevalier, vivant en 1180, et Aymery de Rechignevoisin, croisé en 1249.

Ses armes sont : *de gueules, à la fleur de lis d'argent.*

Elle compte cinq chevaliers de Rhodes, et de Malte, des chevaliers de l'Ordre du Roi, des gentilshommes de la chambre, des officiers supérieurs, etc. (1).

Pierre-Gabriel de Rechignevoisin, marquis de Guron, eut les honneurs de la cour en 1781. Son frère racheta la terre de Guron du marquis de Castellane.

X. — FRANÇOIS D'ALBIN, chevalier, seigneur de Valzergues, de Naussac, de Galgan, etc., résidait en 1668, dit M. de Barrau, au château de Naussac.

Il épousa MARIE DE VEZINS DE CHARRY, de la maison de Vesins en Quercy, différente de celle de Levezou de Vésins. Il mourut à Paris, le 24 février 1681, « emportant — ajoute le même historien — la réputation d'un homme d'un grand cœur et d'un esprit éminent. »

Nous ignorons sur quels faits et renseignements repose cet éloge qui doit être vrai, mais que seuls des mémoires et traditions de famille ont pu faire décerner à François d'Albin. « Il fut enterré dans l'église des Pères missionnaires de Saint-Lazare, suivant son testament qu'il avait fait dans cette ville le 6 décembre 1680, par lequel il institua pour son héritière universelle Marie de Vezins, sa femme, et légua la somme de quatorze mille livres à chacun de ses enfants, chargeant son héritière de rendre ses biens à tel de ses enfants qu'elle voudrait, avec substitution des uns aux autres, à défaut de postérité de leur part (2). »

(1) Voy. La Chenaye Desbois ; B. Filleau ; Galerie des croisades, *Annuaire de la Noblesse*, années, 1883-1894.

(2) H. de Barrau, *Documents sur les Familles du Rouergue* déjà cité. Nous voyons dans les archives du greffe de Saint-Maixent que le 10 mai

Marie de Vezins était probablement petite fille de Jean de Vézins, lieutenant d'Honorat de Savoie, marquis de Villars, gouverneur de la province de Quercy, et de Péronne de Charry.

Ce Jean de Vezins était un valeureux capitaine catholique : sa générosité égalait son ardeur à défendre la cause de la religion et du roi. A l'époque de la saint Barthélemy, il en donna un éclatant témoignage, comme nous en voyons le récit détaillé dans l'histoire de J. de Thou. En effet, il sauva la vie à l'un de ses plus grands adversaires, Jean de la Tour, seigneur de Reyniès, capitaine huguenot, son compatriote, qui se trouvait à Paris au moment du massacre des protestants. Le roi Charles IX lui avait commandé d'aller prendre la défense de la ville de Cahors : il profita de cette circonstance pour ramener sain et sauf Jean de la Tour dans son château de Reyniès près de Montauban.

Quelques années après, Jean de Vezins qui n'avait pas voulu reconnaître le roi de Navarre, refusa de lui livrer la ville de Cahors et, dans une attaque des assiégeants, se fit tuer sur la brèche (1).

Jean de Vezins avait épousé Péronne de Charry, dame dudit lieu, paroisse de Rouillac. près de Montcuq, en Quercy, et nièce du capitaine de Charry, qui, sous Montluc, joua un rôle important dans cette province.

Jusqu'à présent, nous n'avons recueilli que peu de documents sur cette maison de Vezins. Nous trouvons Antoine de Vezins, seigneur de Charry en 1636 ; et, plus tard, en 1717, autre Antoine de Vezins, lieutenant au régiment

1677, Louise Forain, veuve de Pierre Vasselot, chevalier, seigneur de Reigné, demeurant au château d'Exoudun, avait donné cinquante livres de rente à François d'Albin de Valzergues, son cousin germain.

(1) J. A. de Thou, *Hist. universelle*, édit. 1734, t. VI, livre LIII, p. 412 et suiv.

de dragons de Lespinay, et Mathurin de Vezins, demeurant en son château de Charry. Ces deux derniers pouvaient être les neveux de Mme de Valzergues (1).

De son mariage avec Marie de Vezins, François d'Albin laissa au moins six enfants.

1° Louis-Roch d'Albin, chevalier, seigneur de Valzergues, de Naussac. de Galgan, de Saulgé et de Béceleuf en Poitou.

Il embrassa l'état ecclésiastique ; mais tout en étant prêtre, il n'en continua pas moins à résider au château de Valzergues et de s'occuper d'administrer la fortune de sa famille, occupations auxquelles se joignirent les embarras de longs procès à soutenir, conjointement avec ses frères et sœurs, au sujet de la succession de sa tante, Louise d'Albin, morte sans enfants de Gabriel des Gittons. Baronnière, et de la succession de la marquise de la Barre. Ce dernier héritage provenait de Henri de Chivré, marquis de la Barre de Bierné en Anjou, baron de Meillant, aide des camps et armées du Roi, qui avait épousé, le 17 juin 1663, Marie Bodin, dame de la Croix d'Exoudun, fille de Théophile Bodin, chevalier, seigneur de la Barre de Saint-Sornin, et de Marguerite Forain ; celle-ci fille de feu Bonaventure Forain, chevalier. seigneur de la Bonninière, et de Marguerite de Saint-George, sœur de sa grand'mère paternelle.

La marquise de la Barre était donc sa cousine issue de germaine. Mais il n'était pas le seul héritier, loin de là, et la liquidation de cette succession fut d'autant plus difficile que Henri de Chivré, mort à Maëstricht en 1675, laissait des enfants mineurs et surtout beaucoup de créanciers. De plus, l'affaire se compliquait de questions religieuses. Henri de Chivré avait été l'un des chefs du parti calvi-

(1) Notes dues à l'obligeance de M. le marquis de Cardaillac et de M. Édouard Forestié, de Montauban.

niste en Anjou. Sa femme n'était pas une huguenote moins ardente à protester contre la révocation de l'Edit de Nantes. Elle avait cependant cédé un instant aux menaces de l'autorité royale, ainsi que beaucoup de ses coreligionnaires, et avait signé son abjuration, le 13 février 1686, en présence de messire Charles de Quatrebarbes, curé de Longré, abjuration bien peu sincère, puisqu'elle sortit du royaume peu d'années après avec ses filles, et se retira en Hollande où elle se fit naturaliser hollandaise à La Haye, le 30 octobre 1710. Son fils, Henri de Chivre, mestre de camp du régiment d'Anjou-cavalerie, était mort sans alliance en 1699. Elle était donc au moins aussi entêtée dans ses opinions religieuses que sa grand'mère maternelle, Marguerite de Saint-George, femme de Bonaventure Forain, qui, dès 1667, avait été internée à Poitiers pour avoir voulu empêcher la démolition du temple d'Exoudun; elle était morte dans cette ville en 1668. La tante de la marquise de la Barre, Louise Forain, mariée à Pierre de Vasselot, chevalier, seigneur de Reigné, et deuxième fille de Marguerite de Saint-George, suivit l'exemple donné par sa mère. Ses violentes protestations la firent d'abord interner à Poitiers, puis enfermer à la Bastille où elle resta jusqu'en 1672.

On comprend le désarroi dans lequel se trouvait la fortune de cette famille au milieu de ces graves événements. Les créanciers, comme les héritiers, firent opérer des saisies successives. Les premières poursuites eurent lieu les 27 mars et 1er août 1708, et furent renouvelées en 1718 et années suivantes. Nous ferons grâce au lecteur de ces interminables requêtes, arrêts, etc., que M. André Joubert, a reproduits textuellement dans un ouvrage publié en 1887 et intitulé : *Une famille de seigneurs Calvinistes du Haut-Anjou*. On se perd dans tous ces détails et même dans la longue nomenclature des cohéritiers dont le nombre s'augmentait avec les nouvelles générations.

Bref, le marquisat de la Barre, entre autres terres et possessions des Chivré, passa successivement par une série de ventes et saisies, aux familles Colbert de Torcy, du Plessis d'Argentré, et, en dernier lieu, se trouve actuellement possédé par la famille de Robien.

Marguerite de Saint-George, mère et grand'mère de Mmes de Vasselot et de Chivré, justifiait ce que saint Simon dit de ses parents, les Saint-George-Vérac, ces protestants zélés parmi les gentilshommes du Poitou, mais qui, moins sincèrement attachés à la réforme que leurs cousines, préférèrent abjurer que s'expatrier. Saint-Simon insinue, à cette occasion, que la conversion du marquis de Vérac (Olivier de Saint-George) ne fut pas très désintéressée. « Il avait été huguenot, dit-il. Lui, lieutenant général de Poitou, et Marillac, intendant, lors de la révocation de l'édit de Nantes et des barbaries qui furent exercées contre les huguenots ; tous deux crurent y trouver leur fortune, tous deux se signalèrent en cruautés, en conversions, tous deux donnèrent le ton aux autres provinces, tous deux en obtinrent ce qu'ils s'en étaient proposé. Vérac en fut chevalier de l'ordre en 1688, et Marillac conseiller d'Etat, par une grande préférence sur ses anciens, etc. »

Le reproche est injuste pour le marquis de Vérac dont Saint-Simon méconnaît à dessein les services militaires et ceux de sa famille.

On voit encore par ce nouvel exemple, quelle était la divergence d'opinions et même de religion entre les parents les plus proches. Il est donc certain que Louise de Saint-George n'était point huguenote comme sa sœur, quand elle épousa Géraud d'Albin de Valzergues, entouré de parents tous excellents catholiques.

Mais pour en revenir à Louis-Roch d'Albin, nous voyons qu'il avait eu en partage les deux fiefs de Saulge, paroisse d'Exoudun, et de Béceleuf dont la marquise de la Barre avait fait aveu au château de Lusignan en 1675 et 1695. Il en fit lui-même l'aveu dès l'année 1701, comme héritier d'Henri de Chivré.

En 1708 et en 1718, il figure avec tous ses cohéritiers dans une longue procédure relative à la saisie des biens de la succession (1). Il avait précédemment fait abandon à son frère Alexandre de ses droits à la succession de François d'Albin, leur père, par acte passé le 29 octobre 1716 au château de Valzergues.

Louis-Roch d'Albin mourut le 1ᵉʳ avril 1738, et fut inhumé dans la chapelle du château de Valzergues, au tombeau de ses prédécesseurs, laissant ses biens à ses frères et sœurs, et aussi la suite des longs procès qu'il avait eu à soutenir pour conserver ses héritages en Poitou et dans l'Anjou.

2° François d'Albin, chevalier, seigneur de Naussac, de Boissec en Exoudun, de la Sipière (paroisse de Ventouze près de Mansle en Angoumois). Il eut en partage le château de Naussac, et probablement en porta le nom dans sa jeunesse.

En 1705, il demeurait au château de Boissec, et le 17 juillet de cette année, son frère Alexandre d'Albin, enseigne de vaisseau, qui s'y trouvait également, lui transportait ses droits sur la succession de la marquise de la Barre et sur celle de sa tante Louise d'Albin, dame de la Baronnière, droits que lui avait cédés Louis-Roch d'Albin, son frère aîné (2).

(1) Pour plus de détails, voyez l'ouvrage de M. André Joubert, et celui de Dom Bétencourt, *Noms féodaux*, t I, p. 7 et 123 ; — et Archives de la Mayenne.

(2) Bibliothèque nationale, cabinet des titres, dossier d'Albin ; pièces originales relatives à la procédure concernant ces diverses successions et transports.

Le 22 juin 1714, François d'Albin était « demandeur
en requeste à la cour de parlement à ce qu'il fut ordonné
que, sur le prix des baux judiciaires des terres de la Barre
en Anjou, d'Exoudun, Boissec, La Croix et La Barre Saint-
Sorlin et leurs dépendances, saisies réellement sur ledit
de Naussac, en la qualité qu'il possède, il auroit provision
de la somme de six mille livres ou telle autre qu'il plai-
roit à la Cour, à l'effet de se mettre en équipages dans la
compagnie des gendarmes de la garde du Roy où il a été
receu d'une part. » Guillaume Le Brun, chevalier, marquis de Dinteville, mestre de camp, lieutenant-colonel
de la cavalerie légère, l'un des cohéritiers de la dite succession, avait fait opérer dès 1700 la saisie de la terre de
la Barre, saisie qu'il fit renouveler en 1708, figurait dans
cette requête. Il mourut en 1733.

Le 20 août 1717, arrêt du conseil du roi en faveur de
Louis-Roch d'Albin, chevalier, seigneur de Valzergues,
de François d'Albin, chevalier, seigneur de Naussac et
d'Alexandre d'Albin, héritiers en partie de défunt messire Henri de Chivré, etc.

Enfin, après 1719, François d'Albin (toujours qualifié
seigneur de Naussac), son frère, Alexandre d'Albin, chevalier, seigneur de Valzergues, et la dame comtesse de
Castellane, héritiers maternels de défunt messire Henri
de Chivré, marquis de la Barre, « ci-devant parties saisies »
faisaient paraître un factum imprimé, pour réclamer de
nouveau leurs droits en litige (1).

François d'Albin resta-t-il longtemps au service, c'est
ce que nous ignorons. La compagnie des gendarmes de la
garde du Roi où il avait été reçu, se composait de deux
cents maîtres, dit le Père Daniel, y compris seize briga-

____

(1) *Bib. Nat.* dossier d'Albin ; Archives de la Mayenne.

diers et sous-brigadiers, quatre porte-étendards et quatre
sous-aide-majors. Elle était commandée par un capitaine-
lieutenant, le roi se réservant le titre de capitaine. A cette
époque, le lieutenant était le prince de Rohan, lieutenant-
général des armées du Roi, qui avait succédé à son père,
le prince de Soubise « dans cet illustre emploi » selon
l'expression du Père Daniel.

François d'Albin mourut avant ses frères et ne paraît
pas avoir laissé d'enfants de son mariage avec MARIE DE
VOLVIRE RUFFEC, fille de Hubert de Volvire Ruffec, chevalier, seigneur de Brassac, et de Sylvine de la Barlot-
tière, celle-ci fille de Robert de la Barlotière, seigneur
dudit lieu.

Elle lui avait apporté plusieurs terres sises en Poitou,
entre autres celle de la Sipière, paroisse de Ventouze près
de Mansle et Ruffec. Elle y résidait lorsqu'elle testa le
28 décembre 1730, par devant Me Rivet, notaire à Am-
bernac. On voit par cet acte que Marie de Volvire était
veuve dudit François d'Albin. Elle demande à être inhumée dans l'église de Notre-Dame de Bonneuil, où son mari
avait été enterré. Parmi les différentes dispositions testamentaires on voit que Marie de Volvire donne aux
Dames religieuses de Fontevrauld de Bonneuil soixante
livres par an pour faire célébrer deux services pour le
repos de son âme et de celle de son époux (1).

La maison de Volvire Ruffec, suivant Lachenaye-Des-
bois, remonte à Ingelelme, vicomte de Volvire en 1032,
que l'on croit fils puîné de Raoul, vicomte de Thouars
en 973.

En 1336, Hervé de Volvire épouse Eléonore de Ruffec,
fille et héritière d'Hervé, baron de Ruffec, qui lui appor-

____

(1) Archives départementales de la Charente ; — B. Filleau, *Dict. du Poitou*.
200 + 10 v.

ta cette grande terre, partage des anciens comtés d'Angoulême dont les seigneurs de Ruffec étaient issus.

Les principales alliances directes sont avec les maisons d'Amboise, Beaupoil de Sainte-Aulaire, de Belleville, Bouchard d'Aubeterre, de Chabot, de Comborn, de Daillon, d'Estivalle, de Guémadeuc, de Guitard Ribérolle, de l'Aubespine, de la Rochefoucauld, de Lur-Saluces, de Mauzé, de Montauban, de Parthenay, de Pontchâteau, de Rochechouart, de Rochefort (Bretagne), Rouault de Gamaches, de Salignac Fénelon, Tizon d'Argence, de Varèze, de Vivonne, etc.

Hugues de Volvire se croisa en 1248.

Cette famille d'ancienne chevalerie s'est éteinte avec Louise-Clémence de Volvire-Ruffec, fille du marquis de Volvire-Ruffec, mariée en 1833 à M. Eugène Frotier, marquis de la Messelière.

Armes : *Burelé de dix pièces d'or et de gueules* (1).

3° Jean-Baptiste d'Albin, dont le nom seul nous est donné dans le fragment de généalogie publiée par M. de Barrau, et qui par ailleurs nous est inconnu ; peut-être est-ce un enfant mort en bas-âge.

4° Pierre-Alexandre d'Albin, qui suit ;

5° Hortense d'Albin qui figure avec ses cohéritiers dans les longues procédures suscitées par le partage des successions dont nous avons parlé. On y voit qu'en 1708, elle était déjà mariée à Jean de Carrière, lieutenant-général de la sénéchaussée de Toulouse, appartenant à une très ancienne famille de cette ville. Pierre Carrière était capitoul en 1369 et 1389, et l'on en compte six autres du même nom depuis cette époque jusqu'à la fin du XVIIIᵉ siècle. L'un d'eux, Guillaume Carrière, fut maintenu dans sa no-

____

(1) La Chenaye-Desbois ; Beauchet-Filleau ; Potier de Courcy.

blesse par jugement de M. de Bezons du 7 novembre 1669. Ses armes étaient d'après le *Nobiliaire Toulousain : de gueules, à la croix d'or, écartelé d'azur à trois coquilles d'argent ; sur le tout, de gueules à trois épis tigés d'or ; au chef de même, chargé de trois étoiles de sable.*

En 1689, Jeanne-Marie d'Aure, veuve de Jean-Antoine de Carrière, écuyer, dénombrait ses fiefs nobles devant les capitouls.

XI. — PIERRE-ALEXANDRE D'ALBIN, chevalier, seigneur de Valzergues, de Naussac, de Galgan, etc., qualifié haut et puissant seigneur, marquis d'Albin, enseigne des vaisseaux du Roi, naquit à Valzergues, fut baptisé à Galgan, le 2 février 1679. Il suivit la carrière de la marine et était enseigne de vaisseau lorsqu'il fut obligé d'y renoncer par suite de graves maladies contractées au service et notamment au siège de Gibraltar où il fut grièvement blessé, comme l'atteste une lettre du marquis de Villette de Mursay, lieutenant général des armées du Roi, datée de Paris, le 18 mai 1707 : le marquis de Villette commandait le *Fier* au combat de Malaga.

Il épousa, vers 1715 ou 1717, MARIE-ANNE DE CARRIÈRE, sans doute de la même famille que Jean de Carrière, son beau-frère. Elle mourut le 30 mars 1744, et fut inhumée dans la chapelle de Valzergues (1).

On remarquera peut-être que, pour la première fois, le titre de marquis d'Albin figure dans les actes publics. Pour quelle raison Alexandre d'Albin prend-il cette qualification ? nous l'ignorons : ce fut peut-être à la suite de quelque présentation à la cour ? ou bien est-ce que l'usage

---

(1) L'acte de décès, relevé sur les registres de la paroisse de Galgan, conservés à la mairie de Valzergues, porte que Marie-Anne de Carrière était « femme de messire Alexandre, marquis d'Albin, haut et puissant seigneur de Valzergues, Galgan et autres lieux ».

s'établit alors parmi les familles féodales de changer en
« titre d'ancienneté » celui de seigneurs de fiefs provenant de partages entre grands vassaux — c'était bien le
cas pour les descendants des premiers seigneurs d'Albin.

Par une coïncidence assez curieuse, un des membres de
la famille de Buisson de Bournazel — originaire, comme
nous l'avons dit, de la ville d'Aubin, et qui se trouvait en
possession de quelques terres dans cette juridiction, —
Raymond de Buisson. fils du marquis de Bournazel, prenait dans sa jeunesse le titre de comte d'Albin, voulant
rappeler que sa famille se rattachait aussi à celles des
sires d'Albin (1).

L'éternel procès de la succession durait toujours :

Le 13 décembre 1751, Alexandre d'Albin obtenait en sa
faveur un arrêt du conseil du Roi comme héritier maternel d'Henri de Chivré.

De son mariage avec Mademoiselle de Carrière, Pierre-
Alexandre, marquis d'Albin, laissa deux enfants :

1° ALEXANDRE D'ALBIN, né à Valzergues, le 17 mai 1733,
mort le 15 août 1735 ;

2° MARIE D'ALBIN, née en 1718, mariée par le curé de
Galgan, dans la chapelle du château de Valzergues, le
24 avril 1747, à PIERRE DU TRUEL, baron de Roumégoux,
co-seigneur et habitant de Saint-Paul de Massuguiès.

Voici l'acte de mariage copié sur les registres de
Galgan :

« De l'agrément et à la prière de M. le curé de Galgan,
après avoir reçu le mutuel consentement de haut et puissant seigneur, messire Pierre d'Albin du Truel, baron de
Roumégoux, co-seigneur et habitant de Saint-Paul de
Massuguiès (diocèse d'Alby), âgé d'environ trente-cinq ans,

(1) H. de Barrau, *Généalogie de Buisson de Bournazel*, t. II, page 307.

d'une part , et de Mademoiselle Marie d'Albin de Valzergues, fille légitime et naturelle de messire Alexandre, marquis d'Albin, haut et puissant seigneur de Valzergues, Galgan et autres lieux, et de feu Anne-Marie de Carrière, âgée de vingt-neuf ans, d'autre part. Leurs fiançailles ayant précédé, de même que la publication de leurs annonces dûment faites, ou d'icelles obtenu dispense, leurs parents consentant à leur mariage, je les ay solennellement conjoints en mariage, et après donné la bénédiction nuptiale à la sainte messe en la chapelle de Valzergues.

« Présents, le susdit messire Alexandre d'Albin, père de l'épouse, et messire de Charry de Vézins, habitant en son château de Charry en Quercy ; et messire de Nogaret, vicomte de Freyssinet, conseigneur de la Bastide et autres places, et habitant en son château de la Bastide (diocèse d'Alby) ; et messire le vicomte de Trebas, habitant de la ville de Rinhac (1) et messire D... seigneur d'*Aumons*? habitant de Sainte-Séries, soussignés avec les parties contractantes.

Signés : Marie d'Albin de Valzergues, d'Albin de Valzergues, d'Albin, baron de Roumégoux, Charry, Trébas, Nogaret de Frayssinet, *Daumons* (?) *Montarnal* (?) et Galtié curé de Lugan. »

Le nom d'Albin s'éteignait avec Marie d'Albin : son père voulut qu'elle puisse le perpétuer en le transférant à son époux. C'est pourquoi nous voyons celui-ci désigné dans l'acte de mariage : Pierre d'Albin de Truel, et qu'il signe : d'Albin, baron de Roumégoux.

Les prévisions d'Alexandre d'Albin de Valzergues ne se réalisèrent point. Le mariage de sa fille avec le baron de

(1) Joseph-Marie-Sylvestre de Puel, seigneur de Parlan, vicomte de Trebas en Albigeois, baron de Castelmary, page du Roi, etc. marié en 1766 à Gabrielle de Mostuéjouls ; il était fils de Joseph de Puel de Parlan et de Claire de Montcalm-Gozon. Cette famille s'est éteinte dans celle de Warroquier.

Roumégoux ne fut pas très heureux, paraît-il, et les époux vécurent séparés. Mme de Roumégoux adopta l'une de ses jeunes parentes, Mlle de Lavaur de Charry, fille de sa cousine issue de germaine, Mme de Lavaur, née Marianne de Vesins, alors décédée, et qui avait hérité du château de Charry, étant sans doute la dernière de la famille de Vesins ; cette jeune fille n'était donc point une étrangère, comme semble le faire entendre la note de M. de Barrau dans sa notice sur les derniers possesseurs de Valzergues. Cette adoption de la part de Marie d'Albin était ainsi toute naturelle. Elle voulut établir sa nièce orpheline, la marier dans son voisinage avec un gentilhomme de naissance distinguée. Elle ne pouvait mieux choisir en le prenant dans l'ancienne et illustre maison d'Adhémar.

Voici la copie textuelle de l'acte de ce mariage célébré le 18 septembre 1783, dans la chapelle du château de Valzergues.

« 18 septembre 1783. — Bauguel, curé. Mariage de messire Louis d'Adhémar, seigneur de la Garinie, Montfaucon et autres places, chevalier de l'ordre royal militaire de Saint-Louis, capitaine de cavalerie, ancien brigadier des gardes du Roi, compagnie de Noailles, habitant en son château de la Garinie, paroisse de Lugan, fils légitime de feu messire Pierre d'Adhémar, seigneur de la Garinie, et de la dame Anne de Saint-Martin, mariés (1), et dame Marie-Magdelaine-Rose de Lavaur, habitant dèpuis sept mois et demi au château de Valzergues, paroisse de Galgan, fille de messire Antoine-Louis de Lavaur, seigneur de Charry et de Rouillac, ancien capitaine aide-major d'in-

---

(1) Pierre d'Adhémar avait épousé, le 7 juillet 1709, Anne de Bonne, fille de Sébastien de Bonne, seigneur de Rosnel, et de Marie-Madeleine de Puel de Parlan.

On remarquera que dans cet acte le nom est écrit d'Adhémar et non Azémar, comme dans la généalogie donnée par M. de Barrau, t. II, p. 590.

fanterie, et de feu noble dame Marianne de Vesins, mariés, habitant en leur château de Charry, paroisse de Rouillac en Quercy. »

Louis d'Adhémar, né en 1725, entré au service en 1745, se trouva à la bataille de Fontenoy et fit toutes les campagnes jusqu'en 1770; se trouvant dans ses terres en 1766, il parvint à apaiser de grands troubles qui s'étaient élevés dans le pays au sujet des houillères d'Aubin.

Les grèves dans cette ville datent de loin.

Déjà Mme de Roumégoux, s'était aussi vue seule héritière de la maison d'Albin par suite de la mort de tous ses proches ; et en 1768 elle avait songé, autorisée par son mari, à revendiquer quelques-uns de ces héritages si longtemps contestés et objet des longs procès dont nous avons parlé. La tentative était bien téméraire, car les successions de Mmes des Gittons et de Chivré dataient de près d'un siècle, et, après tous les inventaires, arrêts et jugements rendus durant ce laps de temps, et toutes les juridictions épuisées, la liquidation devait être réglée et devenue inattaquable. Néanmoins, elle assigna les anciens cohéritiers, mais moins nombreux qu'en 1708 et représentés par des mineurs.

Par sentence du 3 septembre 1768, du siège royal de Saint-Maixent, Mme d'Albin de Roumégoux fut déboutée de ses conclusions et déclarée non recevable dans sa demande et « lesdits sieurs et dames Vasselot de Reigné, Prévost de la Vauzelle, Raity de Villeneuve, de Castellane et consorts, renvoyés des fins, conclusions et garanties contre eux prises, et ladite dame d'Albin de Valzergues condamnée aux dépens envers toutes les parties » (1).

(1) M. H. Beauchet-Filleau nous donna une ancienne expédition sur parchemin de ce jugement qui ne comprend pas moins de trente-huit roles, expédition taxée à 218 livres et trois sols. On comprend qu'il nous a fallu beaucoup l'abréger dans l'intérêt du lecteur.

.On a vu que le baron de Roumégoux vivait encore à cette dernière date puisqu'il figure dans l'assignation pour autoriser sa femme. Nous ignorons la date de sa mort : mais elle précéda celle de Marie d'Albin qui mourut en son château de Valzergues, le 7 pluviôse an VII (24 janvier 1799) comme l'indique le registre de la paroisse de Galgan où Marie d'Albin de Valzergues est dite « veuve de Truel » (1).

Avec elle s'éteignait le nom d'Albin porté sans interruption pendant plus de huit cent cinquante ans par une famille issue des anciens comtes de Rouergue, appellation qui était la preuve la plus certaine de son illustre ascendance ; de même que la possession de Valzergues durant plus de cinq siècles prouvait également son importance héréditaire dans le pays. Les autres branches de la maison d'Albin s'étaient successivement éteintes en 1630, en 1730 et en 1741 comme nous le verrons en leur article. Marie d'Albin laissait, il paraît, une fortune assez considérable que ses héritiers, parents fort éloignés, se partagèrent, dit M. de Barrau, non sans bien des contestations. Le château de Valzergues demeura la propriété de Mme d'A-dhémar, nièce de Marie d'Albin. Mlle de Lavaur de Charry n'avait eu qu'une fille, Hortense d'Adhémar, qui épousa Jean-Balthazar Joulia de la Salle, près de la ville d'Aubin. Ceux-ci ont eu de nombreux descendants (2).

(1) Pierre de Truel ou du Truel, baron de Roumégoux, appartenait à une famille de l'Albigeois qui prenait peut-être son nom de la paroisse du Truel dans l'Aveyron, près de Saint-Romé-de-Tarn. Le château de Roumégoux, près La Salvetat, était un ancien château-fort du XIIIe siècle, possédé successivement par les familles de Cadole, de Bar, de Bourbon Malause et de Faramond. C'était une ancienne baronnie. M. de Barrau, qui en fait la description, ne dit pas comment il devint la propriété de la famille du Truel. Nous ignorons aussi quelles étaient les armes du mari de la dernière représentante des seigneurs de Valzergues.

(2) Voy. *Documents sur des familles du Rouergue*, par le vicomte de Bonald. Un vol. in-8°, Toulouse, 1902, p. 156.

Si nous avions pu nous procurer les documents que ren-·ferment certainement les minutes des notaires de Valzergues, de Peyrusse et de Villefranche et les registres paroissiaux de Galgan et de Naussac, la notice historique sur les derniers possesseurs du château de Valzergues eut été plus complète et précise, surtout pour le XVIIIe siècle, car ces minutes et registres existent, et il eût été facile d'y faire des recherches.

Nous en avions chargé l'un de nos honorables et très obligeants correspondants, M. G. Gay-Lussac, fils de l'illustre savant.

Au mois d'avril 1869, il nous écrivait de Villefranche : « Je ne puis encore vous donner aucuns renseignements : le questionnaire que je vous avais prié de me tracer, a été égaré par une personne qui s'en était chargée. C'était précisément un parent de la famille qui habite actuellement le château de Valzergues. Tout ce que je puis vous dire, aujourd'hui, c'est que les registres paroissiaux de Galgan remontent à 1759, et ceux de Naussac à 1737. Le notaire de Peyrusse, près Villefranche, a eu entre les mains les minutes du notaire de Valzergues. C'est là que l'on trouverait des documents sur les derniers descendants de la famille d'Albin. Disposez donc de ma bonne volonté, et veuillez m'indiquer les recherches à faire, etc. » Depuis, M. Gay-Lussac est mort, ainsi que M. l'abbé Galtier, curé de Galgan, que je connaissais personnellement, et M. l'abbé Jaudon, d'Aubin, qui s'intéressait à l'histoire de sa ville natale.

C'était un ami et condisciple de M. Lucien Massip, qui, de son côté, comme nous l'avons dit, s'occupe de recueillir tout ce qui se rattache au passé de la ville d'Aubin, et qui a bien voulu nous faire part de quelques-unes de ses recherches.

200 + 10 v.

VII

BRANCHE DES SEIGNEURS DE CÉRÉ EN BERRY,
BARONS DU CHASTELLIER EN TOURAINE.

V. — BÉGON D'ALBIN DE VALZERGUES, chevalier, seigneur de Céré, du Chastellier, du Coudray, de Paray, de Launay, (paroisse de Pouillé), de Loigny et de Pellevoisin, de Souvolle, de Villeneuve, etc., l'un des cent gentilshommes de la maison des rois Charles VIII, Louis XII et François Ier, lieutenant-général du sénéchal de Rouergue, fils puîné de Jean d'Albin, seigneur de Valzergues, et de Marie du Mas de Naussac, nous est connu par plusieurs actes que nous rapporterons suivant l'ordre chronologique.

Le 1er juillet 1498, il avait été reçu dans la seconde compagnie des gentilshommes de l'hôtel du roi, au lieu et place de Charles de Taillant ; et il servit dans cet emploi jusqu'au dernier jour de mars 1512, ainsi que nous l'apprend un extrait des « Rolles ou Estats des deux bandes de cent gentilshommes de l'hostel du Roy » tiré des recueils de M. du Fourny. Il eut pour successeur Frédéric de Foix, seigneur d'Almèneches, en Normandie, par donation du roi de Navarre, son cousin, et qui épousa Françoise de Sillery. Frédéric de Foix, mourut en 1537, et sa veuve se remaria à Jean de Bourbon, vicomte de Lavedan.

Ceci montre que les gentilshommes de la maison du Roi n'étaient, à cette époque, choisis que parmi la haute noblesse ; ce qui est, d'ailleurs, confirmé par le Père Daniel, dans son *Histoire de la Milice françoise*, t. II, p. 122 et suiv.), où il expose longuement l'origine de ces deux compagnies de gardes du corps, leurs prérogatives et leur prééminence sur les autres troupes de la maison militaire de nos rois. Le nombre de ces compagnies fut plus tard porté à quatre. La charge de capitaine de la deuxième où se trouvait Bégon d'Albin, fut longtemps occupée par des seigneurs de la maison de la Chastre.

Le 26 décembre 1514, Bégon d'Albin reçut quatre cents livres, pour sa pension ordonnée par le Roi, du receveur général des finances. Sur sa quittance, son sceau représente *un lion, écartelé de trois tourteaux* et *un dragon issant* pour cimier. Bégon d'Albin de Valzergues écartelait ses armes de celles de sa mère, Marie du Mas de Naussac.

Le cimier des armoiries n'était pas alors pris au hasard de la fantaisie, et, comme toutes les autres pièces héraldiques, son choix avait eu une raison d'être, et il se transmettait ensuite héréditairement. Le lion, l'aigle, le loup, se rencontraient fréquemment sur le heaume des chevaliers : il n'en était pas de même du dragon : aussi, nous pensons que cet emblème assez rare devait rappeler quelque légende particulière à la maison d'Albin ; peut-être une antique alliance avec les Gozon dont était sorti le célèbre grand-maître de Rhodes, Dieudonné de Gozon, le vainqueur du dragon.

Bégon d'Albin de Valzergues avait épousé vers 1500 ou 1510, une riche héritière du Berry, dernière représentante d'une très-ancienne famille de cette province. Jeanne de Céré, dame dudit lieu de Céré et de plusieurs autres fiefs importants, avait recueilli les biens de son père et de sa mère, également possessionnée en Berry et en Touraine.

Nous avons déjà vu que Bégon d'Albin, tuteur des enfants de son frère Charles, seigneur de Valzergues, assista, le 31 juillet 1515, au mariage de sa nièce. Antoinette d'Albin, avec Pierre de la Garde, qui fut, en 1519, ambassadeur en Pologne, et que dans l'acte de mariage, il est qualifié chevalier, seigneur de Céré et d'autres fiefs pour lesquels il rendait des aveux au seigneur suzerain, et, en même temps, recevait, à son tour, l'hommage des terres dépendantes des siennes.

Le 9 avril 1516, Bégon d'Albin rendait foi et hommage au seigneur de Genillé, alors Guillaume Fumelle, seigneur de la Bourdillière, pour la dîme d'une partie de la seigneurie de Loigny. Le 12 avril suivant, c'était lui qui recevait les foi et hommage de René de Pont, seigneur de Razay, à Céré, comme seigneur du Chastellier.

Le 15 février 1517, il fait aveu de deux dîmes qu'il possédait dans la paroisse de Pellevoisin, près de Villegouin, à Philippe de Toury, écuyer, seigneur de Luché.

En 1520, Bégon d'Albin transige et fait un bornage avec le seigneur de la Piollière, qui était alors de la famille de Minières, et non pas à celle de Thiennes, comme l'a fait remarquer M. le comte de Maussabré.

En 1523, dans un acte du 12 août, on voit que Bégon d'Albin avait quelques démêlés avec les religieux de l'abbaye de l'Estoile, seigneurs d'Aiguejoignaut. C'était une querelle de longue date, ainsi que nous le dirons en parlant de la famille de Céré. Dans cet acte, Bégon d'Albin tient à déclarer qu'il est « seigneur du Chastel et place forte et seigneurie de Serez, en toute justice, haute, moyenne et basse », ce que contestaient lesdits religieux de l'Etoile. Néanmoins. le 27 octobre 1529, il leur fournit le dénombrement de son hostel et place forte de Villeneuve et autres droits et domaines mouvants de leur maison, fief, justice et seigneurie d'Aiguejoignaut. »

Le 18 avril 1533, nous retrouvons Bégon d'Albin, transigeant, de concert avec sa femme, Jeanne de Céré, avec les seigneurs de Razay et de la Piollière, au sujet des prérogatives et honneurs dans l'église paroissiale de Céré, près de Bléré.

Enfin, dans un autre acte de 1535, il est qualifié seigneur du Coudray, paroisse de Villegouin. Mais le plus important de tous ces différents fiefs apportés par Jeanne de Céré, c'était la seigneurie du Chastellier, qualifiée plus tard baronnie (probablement comme titre d'ancienneté), et qui avait primitivement appartenue à la maison de Sainte-Maure, puis à celle de la Jaille. Le 1er mai 1429, Charles de la Jaille, chevalier, faisait hommage au château de Loches de la seigneurie du Chastellier, ainsi que d'un hôtel situé à Loches (1). Il était peut-être fils de Pierre de la Jaille, vivant en 1370 et marié à Iseult de Sainte-Maure, cousine germaine de Jean de Prie, seigneur de Buzançais, bisaïeul d'Aymar de Prie, seigneur de Montpoupon, paroisse de Céré, qui, de concert avec Jeanne de Céré et Bégon d'Albin de Valzergues, fit construire en 1520 l'église de Céré où les armes de Prie et d'Albin sont sculptées aux voûtes de cet édifice (2).

Jeanne de Céré était fille unique d'Antoine de Céré, chevalier, seigneur dudit lieu de Céré, *aliàs*, Cerez et Serrez, paroisse de Saint-Hilaire-de-Benaize, canton de Belabre (Indre) et d'un grand nombre d'autres fiefs, et de Jeanne Faulcon de Thoron, celle-ci fille de Jean Faulcon, chevalier, seigneur de Thoron, dans la Marche, et de Saint-Pardoux en Limousin, et de Marie de Rochechouart, et petite-fille du côté maternel de Simon de Rochechouart, seigneur de Morogues, et de Philippine de Sully, dame de Beaujeu.

(1) Gaignières : Vol. 678, p. 308.
(2) Note communiquée par feu l'abbé Chevalier. M. de Busserolle, dans son Dictionnaire d'Indre-et-Loire, mentionne seulement les armes de l'abbaye d'Aiguevives et celles de la famille de Prie.

Jeanne de Céré était, avons-nous dit, la dernière représentante d'une famille sur laquelle nous n'avons que quelques documents dûs à l'obligeance de feu M. le comte de Maussabré. Le premier seigneur de Céré connu est Audebert Malureis, *alias* Maliereis, vivant à la fin du XIIᵉ siècle, qui après de longues contestations avec l'abbé et les religieux de l'abbaye de l'Estoile dont il était le sergent fieffé, fut maintenu, en 1235, en possession héréditaire de la baillie ou sergenterie fieffée (*Clientela ballia*) de Cerez. Les évêques avaient des avoués et les abbés des sergents (*servientes*) fieffés, choisis parmi les seigneurs voisins et capables de les défendre et secourir *manu militari*. Pour ces services, ils avaient la possession héréditaire de quelque fief important relevant desdits évêques ou abbés auxquels ils devaient foi et hommage. Audebert, seigneur de Céré, prétendait ne devoir payer à l'abbé de l'Estoile que « dix sols de service, monnaie courante au Blanc, à chaque mutation d'abbé ou de vassal. » Les exigences et les prétentions, avec le temps, augmentaient de part et d'autre : de là ces démêlés si fréquents sous le régime féodal. En 1263, les mêmes religieux, après avoir porté plainte contre Audebert Malureis, seigneur de Céré, fils ou petit-fils du précédent, à raison de ce qu'il retenait les terrages pour lesquels il était leur sergent féodal, finirent par les lui abandonner à perpétuité, moyennant la redevance annuelle de trois setiers de blé, mesure du Blanc (1).

Au siècle suivant, en 1317, nous voyons Docelin et Guillaume de Céré (*de Cereis*) — le nom ou surnom patronymique était déjà remplacé par l'appellation du fief prin-

---

(1) Guillaume *de Cereis*, abbé de la riche et puissante abbaye de Déols près de Châteauroux, en 1313, appartenait, suivant M. de Maussabré, à la famille d'Audebert de Céré, et non à celle de Céris avec laquelle il y a eu plusieurs confusions par suite de l'homonymie.

cipal — paraissent comme témoins d'une donation faite aux religieux de l'Estoile pour leur maison d'Aiguejoignaut, par Aimery, Jean et Jeannin Fruchebois, de certains droits sur Fontigon.

Le 15 juillet 1390, « noble homme Jehan de Cerez, chevalier, reconnaissait qu'il était vassal des dits religieux de l'Estoile, par hommage et serment, pour raison du fief, qu'il tenait d'eux à cause de leur lieu d'Aiguejoignaut, et ainsi que l'était feu Audebert Malureis, dont le dit chevalier se disait hoir et successeur en cette partie. »

Un autre « Jehan de Cerez, écuyer, seigneur dudit lieu, rendait également hommage aux mêmes religieux pour ses moulins situés sur la rivière de Benaize, avec leurs astreignables et plusieurs autres droits que ses prédécesseurs tenaient d'eux. » (*Archives de l'Indre.*)

Le 4 juillet 1445, Geoffier de Céré (*de Ceres*), chevalier, faisait aveu de sa seigneurie de Cerès à Georges de Sully, seigneur de Cors, près le Blanc. Après lui, nous trouvons un Pierre de Céré parmi les moines de l'abbaye de Déols en 1448, et Antoinette de Céré vivant en 1468, et qui, en 1423, avait épousé Bigot de Maraffin, écuyer, seigneur de Notz-Maraffin, près Mézières en Brenne.

Antoine de Céré, père de Jeanne de Céré, avait servi comme archer au ban de 1491 : il a été également confondu avec la famille de Ceris. Le 15 avril 1502, après le décès de « Damoiselle Eustache de Serrès et de Bertrand Fumelle, son mari, écuyer, seigneur de la Bourdillière, le partage de leurs biens eut lieu entre plusieurs cohéritiers d'une part, et Antoine de Serrès, seigneur du Chastellier, d'autre part, par lequel acte de partage est échu audit sgr de Serrès le fief de Paray, sis à Beaumont, près de Montrésor (1). »

(1) Note de l'abbé Chevalier. A cette occasion. M. de Maussabré fait remarquer que les généalogistes ont souvent aussi confondu entre

Antoine de Céré renouvela son hommage aux religieux de l'Estoile, le 10 août 1489, de même qu'il l'avait rendu au Roi les 28 juillet 1480, 4 décembre 1486, et enfin, le 14 janvier 1499, « pour la justice haute, moyenne et basse du Chastelier en Touraine(1) ». D'après M. de Maussabré, les armes de la famille de Céré étaient : *d'azur, à trois hérons ou grues d'argent, becqués et membrés de sable, à la bordure componée d'argent et de gueules* (2). On remarquera que ces anciennes armoiries portaient une brisure indiquant que ces Malieureis, seigneurs de Céré en Berry, étaient les puînés d'une autre famille.

Jeanne de Céré, outre des biens considérables, apportait à son mari, Bégon d'Albin de Valzergues, des alliances avec les principales familles féodales du Limousin, de l'Angoumois st du Périgord. Nous voyons, en effet, parmi les cousins issus de germains de sa mère : Anne de Rochechouart, qui porta la vicomté de Rochechouart à son mari, Jean de Pontville ; Jean de la Rochefoucauld, père de François, comte de la Rochefoucauld, prince de Marcillac, parrain du roi François Ier ; Antoine de Pompadour, vicomte de Comborn, marié à Catherine de la Tour-d'Auvergne ; Françoise de Pierre-Buffières, mariée en 1463 à Antoine de Pérusse, seigneur des Cars, baron de Ségur, dont le fils. Geoffroy de Pérusse des Cars, fut l'un des tuteurs de Henri d'Albret, roi de Navarre ; etc.

elles trois familles entièrement distinctes : les Fumelle, seigneurs de la Bourdillière en Génillé, et les Fumée, seigneurs des Roches-Saint-Quentin et de Genillé, et les Fumel, originaires du Quercy. De même, c'est par erreur que l'on a donné une origine commune au nom de la paroisse de Céré près Bléré en Touraine et Céré près le Blanc. La première paroisse est une localité mentionnée par Grégoire de Tours.

(1) *Archives de l'Indre* ; — et *Gaignères,* vol. 678, p. 313.

(2) Elles étaient ainsi sculptées au château de Cerez et dans la chapelle de la Bourdillière.

Le château de Céré — dont nous aurons occasion de parler à propos de l'alliance de Marie d'Albin de Valzergues avec Guillaume de Ravenel à qui elle le transmit. avait été primitivement construit sur l'emplacement d'un ancien château fort — *castrum* — ainsi que semble l'indiquer la disposition des quatre tours dont il était flanqué, suivant l'architecture féodale du moyen-âge.

De son mariage avec Jeanne de Céré, Bégon d'Albin de Valzergues laissa cinq enfants :

1° JEAN D'ALBIN DE VALZERGUES DE CÉRÉ, chanoine et archidiacre deToulouse, le célèbre prédicateur du seizième siècle, auquel nous consacrons une notice particulière, après avoir nommé ses frères et sœurs ;

2° LOUIS D'ALBIN DE VALZERGUES, dont nous parlerons également avec plus de détails, après avoir rapporté la descendance de son frère puîné ;

3° FRANÇOIS D'ALBIN DE VALZERGUES, qui va suivre ;

4° MARGUERITE D'ALBIN DE VALZERGUES, mariée à FRANÇOIS TURPIN, chevalier, seigneur de Jouhé et de Busserolles (paroisse de Bussières-Poitevine), petit-fils de Jacques Turpin de Jouhé et de Françoise de la Lande. Elle mourut sans enfants, et son mari prit une seconde alliance avec Françoise de Saint-Astier.

La famille de Turpin de Jouhé, différente de celle des Turpin de Crissé, était ancienne et distinguée par ses services et ses alliances. Elle n'est plus représentée aujourd'hui que par les filles de feu M. le comte Théodore de Turpin de Jouhé.

Armes : *D'azur, à trois besants d'or, 2 et 1.* Cimier : une aigle éployée d'or.

L'un des descendants de François Turpin de Jouhé, René Turpin, épousa, en 1724, Françoise-Gabrielle de Mirande, fille d'Henri de Mirande et de Marie-Antoinette de Verdelin, sœur de Louise-Françoise-Gabrielle de Mirande, femme du comte de Cardaillac (voir p. 53). De cette alliance vint entre autres enfants : Charles de Turpin de Jouhé, qualifié marquis de Turpin, d'abord reçu chevalier de Malte, puis capitaine des vaisseaux du Roi, marié en 1748 à Julie de Macnémara, fille unique de Jean-Baptiste de Macnémara, lieutenant-général des armées du Roi, commandeur de Saint-Louis. Une de ses filles, Julie de Turpin, épousa le comte Henri de Grimouard, vice-amiral, mort sur l'échafaud révolutionnaire à Rochefort en 1795.

5° Geneviève d'Albin de Valzergues, mariée à Pierre de Montlieux, écuyer, seigneur de Thary, près la Châtre, en Berry.

*
* *

Jean d'Albin de Valzergues, plus connu sous le nom de Céré et Serez, dût naître au château de Céré ou au château du Chastellier. Dans un de ses ouvrages, Jean d'Albin dit qu'il était sorti d'un pays voisin de l'Anjou. Il était l'aîné des cinq enfants de Bégon d'Albin et de Jeanne de Céré, mais il renonça au monde dès sa jeunesse, appelé à la vie religieuse par une vocation bien marquée. Dans les violentes attaques qu'il eut à subir de ses adversaires, les ministres calvinistes lui reprochaient souvent d'avoir, comme Esaü, vendu son droit d'aînesse, non pour un simple et frugal plat de lentilles, mais pour un riche bénéfice. L'accusation était absolument fausse, car, toute sa vie, il montra le plus grand désintéressement. « Si j'eusse voulu, dit-il, dans une de 'ses épîtres sur la vérité du Saint-Sacrement de l'Autel, j'aurais eu le gouvernement du fils d'un grand Prince. » Il voulait sans doute parler du fils du prince de Condé, Henri de Bourbon. « Mais j'ai pensé, ajoute-t-il, qu'il m'estoit mieux vivre avec les petits en sauvant mon âme, que de fréquenter les grands seigneurs au préjudice d'icelle. »

Cette pieuse déclaration fut la règle constante de sa vie : et pourtant, la même calomnie le poursuivit sans cesse.

Nous ignorons où se passa la jeunesse du futur et éloquent missionnaire, mais tout porte à croire qu'il étudia sous les auspices des savants docteurs de l'université de Toulouse, ville qui devait doublement l'attirer.

Il y retrouvait de proches parents, entre autres sa cousine germaine, Antoinette d'Albin de Valzergues, femme de Pierre de la Garde de Saignes, conseiller au Parlement dès 1516, célèbre par ses ambassades en Pologne, en Ecosse et en Portugal, et qui devint premier président à Bordeaux. Il n'était pas loin, non plus, d'un autre cousin germain, Antoine d'Albin, seigneur de Valzergues, le sénéchal de Rouergue, le courageux adversaire de l'hérésie toute puissante.

Jean d'Albin devint promptement l'un des plus doctes théologiens et à la fois l'un des plus éloquents prédicateurs de cette époque. Sa réputation s'étendit rapidement fort au loin et dans toutes les villes importantes, il était appelé pour répandre la saine doctrine catholique et soutenir les plus ardentes polémiques par sa parole et ses écrits.

Son éloquence était si persuasive et si entraînante, qu'un jour, prêchant au grand hôpital de Toulouse sur la nécessité de prendre soin des malades, il toucha si fortement ses auditeurs, disent les historiens, que chacun d'eux fit emporter un malade dans sa maison, et qu'en peu d'heures l'hôpital resta entièrement vide.

Nous lisons dans l'*Histoires des vicomtes de Limoges* (par F Marvaud), qu'en 1561, « les chanoines de Saint-Etienne

de Limoges firent venir de Rodez un prédicateur célèbre.
nommé Céré, qui prêcha dans la chaire de saint Martial,
pendant l'Avent et le Carême, sans être arrêté par les
menaces des ministres protestants, jaloux de ses succès.
Il partit comblé de présents par le clergé et les personnes
pieuses. Mais son éloquence n'avait fait que surexciter les
passions, etc. »

S'il était violemment attaqué, Jean d'Albin savait aussi
bien se défendre.

Dans une de ses épîtres, il répondait ainsi :

« Je ne sçay si avez entendu comment les ministres
huguenots ont mis un placard faict en rithme à Villefranche, par lequel ils m'ont peint de toutes couleurs.
Car ils ont dit que j'ay vomi l'Évangile et que j'avois fait
comme Esaü qui avoit vendu son droit de primogéniture
pour une escuellée de lentilles. Semblablement que pour
un bénéfice à moy séant et propice (ils usoient de ces
motifs), et peut estre à la table de l'Antéchrist, j'estois
devenu faux prophète. Il est bien aisé de vomir une
Évangile de laquelle je n'ay jamais gousté. »

On l'accusait par là d'avoir abandonné la réforme qu'il
avait toujours repoussée.

« Quant à ce qu'ils disent que le cardinal (d'Armagnac)
m'a donné un bénéfice, je vous confesse bien qu'il m'a
donné tous les bénéfices que je luy ay demandez ; je suis
bien asseuré qu'il ne me refusera jamais : car je ne luy en
demanday en ma vie, ny ne luy en demanderay. Je confesse bien devant Dieu et devant vous sans feintise ny si-
mulation qu'ils ne sçauroient dire tant de mal de moy
qu'il n'y en ait beaucoup davantage, hormis que l'avarice
et la cupidité des biens m'aie aveuglé jusques là que je
parle contre ma conscience. »

C'était le dernier reproche à lui faire. Il eut certainement obtenu bien des faveurs du cardinal d'Armagnac, alors archevêque de Toulouse, et qui eut constamment pour le saint missionnaire la plus sincère estime et affection (1). Le poète toulousain qui a consacré une longue élégie à la mémoire de Jean d'Albin de Valzergues nous le dit en ces termes :

Tene recensebo, Præsul venerande Georgi,
Et pinget fletus pagina mæsta tuos ?
Tunc illum plus, quàm dotes illius amasti ?
Quando tibi ALBINO charior ullus erit ?

Jean d'Albin de Valzergues de Céré mourut le 13 septembre 1566. Un monument placé dans le mur de l'ancien cloître de la cathédrale de Toulouse (Saint-Etienne), du côté de la bibliothèque, près la porte du dit cloître, avait été élevé par les Toulousains à ce célèbre prédicateur qui, — nous dit Catel — « s'estoit toujours opposé, par ses doctrines et pieuses prédications, à l'effort de l'hérésie qui commençoit pour lors à jeter son venin dans la ville. Sa réputation étoit si grande par toute la France, que j'ai ouy dire à feu M. Genébrard, lorsqu'il m'instituoit aux bonnes Lettres durant ma jeunesse dans sa maison de Paris, que, tant luy que messire Arnaud de Pontac, (qui fut depuis évêque de Bazas) — deux des grands hommes

(1) Georges d'Armagnac était fils de Pierre, bâtard d'Armagnac, comte de l'Isle-Jourdain, et de Florette de Lupé, et petit-fils de Charles, dernier comte d'Armagnac et de Rodez. Il naquit en 1501, et fut successivement évêque de Rodez en 1529, ambassadeur à Venise en 1541, créé cardinal en 1544 ; archevêque de Toulouse en 1565, puis d'Avignon en 1577, et mourut en 1587. En grande faveur à la cour de François I⁰ʳ, il se montra, toute sa vie, ennemi des hérétiques, et le protecteur des lettres et des savants. En 1561, le cardinal d'Armagnac avait assisté au colloque de Poissy : et tout fait présumer qu'il y fut accompagné de Jean d'Albin de Valzergues, alors réputé pour l'un des plus éloquents et doctes théologiens.

de leur siècle — ayant entendu la grande réputation de ce vénérable personnage, ils vinrent exprès dans la ville de Tholose pour le voir, sans qu'ils y eussent autres affaires. Et advint qu'ils le trouvèrent et virent mort. Tellement que s'en estant retournés à Paris, ils firent imprimer son Tombeau, tant en vers latins, grecs que hébraïques. Le dit feu sieur de Serès, avant que mourir, fist imprimer un livre françois du Saint-Sacrement contre les Luthériens et Calvinistes, qui fut bien receu de tous les hommes doctes. Il donna aussi au public quelques Epistres à des Dames pour les confirmer en la Religion catholique, qui furent si bien receues, dans Paris, que j'ay ouy dire à Guillaume Chaudière, marchand libraire de Paris, qu'il les avoit fait imprimer huict diverses fois dans un an : ce qui ne luy estoit jamais arrivé en aucune sorte de livres. »

Nous ignorons à quelle époque Jean d'Albin de Valzergues fut nommé Archidiacre de Toulouse, dignité qui ne lui apporta aucun de ces riches bénéfices que ses adversaires lui reprochaient tant de rechercher.

Il mourut à Toulouse comme on l'a dit, n'étant âgé que de quarante-neuf ans.

Voici l'inscription gravée sur le monument élevé à Jean d'Albin :

« Joanni Albino de Seres, Nobilissima Valsergorum familia orto viro integerrimo, pauperum ægrorumque patri pientiss. Canonico et Archidiacono, ac ecclesiastas Tolosano Sanctiss. qui Tolosanæ Cathedræ turbulentis temporibus præfectus hæreticorum errores facunda predicationis scriptisque immortalibus convincens, Catholicos confirmans periclitantem Tectosagum Rempubl. Sartam tectam conservavit septies septeno vitæ anno cum omnium bonorum mærore cunctorumque ordinum luctu vivis erepto pii cives suæ hoc in illum pietatis et observantiæ monumentum. »

P. C. Obiit XIII calend. Septemb. M. D. LXVI.

Cette épitaphe est rapportée dans l'*Histoire du Languedoc*, Additions et Notes du Livre XIII, page 23 ; et dans le Dictionnaire de Moréri (Edit. 1759) qui lui consacre une courte notice.

Voyez aussi : LA FAILLE : *Annales de Toulouse*, Part. II, p. 209 ; Guillaume CATEL : *Mémoires de l'Histoire du Languedoc*, Liv. II, p. 167 ; et H. DE BARRAU : *Documents sur les Familles du Rouergue*, t. II, p. 214.

Les deux savants venus à Toulouse attirés par la réputation de Jean d'Albin de Valzergues, étaient, comme le dit l'historien Catel, deux personnages, en grande renommée dans le monde des lettres de cette époque. Le premier, Gilbert Génébrard, né à Riom en 1537, fut d'abord bénédictin. Ardent ligueur, il obtint en 1592, par la faveur du duc de Mayenne, l'archevêché d'Aix en Provence. Mais tombé en disgrâce, après la défaite de la Ligue, ses violents écrits et discours contre Henri IV l'obligèrent de se réfugier à Avignon, et finit cependant passer ses derniers jours à Semur où il mourut en 1597.

Professeur d'histoire au collège royal de Paris, il s'était vu entouré de nombreux disciples, et saint François de Sales s'honorait d'avoir été enseigné par lui.

Quant à Arnaud de Pontac, c'était également un savant très renommé pour sa connaissance des différentes langues, entre autres celles grecque et hébraïque. Il appartenait à une illustre famille parlementaire de Bordeaux, encore représentée.

Nommé évêque de Bazas en 1572, il assista à l'assemblée du clergé en 1579, et à celle de Melun où il rédigea les remontrances au roi Henri III, Arnaud de Pontac est mort en 1606. Par son testament il légua douze mille écus pour la réparation de sa cathédrale, grande libéralité pour cette époque.

Arnaud Sorbin, dans son *Histoire de la vie de Charles IX*, n'oublie pas son ami Jean d'Albin de Valzergues, et le mentionne en ces termes :

« En Thoulouze florissoient M. Melchior Flavin, de l'ordre de Saint-François, M. Araignon, M. Viguier qui a écrit doctement ; M. Peletier, de la société du Nom de Jésus : et sur tous estoit en grande réputation noble Jean de Valzergues, dit de Serez, homme admirable, tant en piété et simplicité qu'en industrieuse façon de prescher. De mesme temps, estoit Frère Esprit Rotier, de l'ordre de Saint-Dominique, inquisiteur de la Foy en ladite ville de Thoulouze (1). »

Arnaud Sorbin, dit de Sainte-Foy, né près de Montauban, en 1532, avait étudié à Toulouse où il fut reçu docteur en théologie. Le cardinal d'Armagnac, son ancien condisciple, lui donna la cure de Sainte-Foy, puis la théologale de son église de Toulouse. Envoyé à Paris comme prédicateur de renom, Arnaud Sorbin devint l'aumônier et confesseur de Charles IX et de Henri III qui le nomma évêque de Nevers en 1578. Il est mort en 1606, laissant plus de trente ouvrages, tant en prose qu'en vers, et entre autres la vie et l'oraison funèbre de Charles IX, des duchesses de Lorraine et de Savoie, du connétable de Montmorency et du duc de Toscane, et une histoire des Albigeois.

On voit par ces quelques notes biographiques quels étaient les amis du saint et vaillant archidiacre de Tou-

______

(1) Cette vie de Charles IX par Sorbin, a été réimprimée dans les *Archives curieuses de l'Histoire de France*, par MM. Cimber et Danjou ; 1re série, t. VIII.

louse; Jean d'Albin de Valzergues. Nous ne ferons qu'indiquer ses principaux ouvrages. Ce serait une étude à faire, mais qui, dépassant les bornes toujours très limitées d'une généalogie, nous oblige à n'en donner qu'une courte analyse.

Jean de Valzergues ne songea pas tout d'abord à publier ses éloquents sermons et ses savantes conférences : il fallut même l'intervention de ses amis et des principaux ecclésiastiques, ses concitoyens, pour faire violence à sa modestie d'auteur. Guillaume Chaudière nous apprend dans une préface que Jean d'Albin composa son principal ouvrage, *Du Sacrement de l'Autel*, à Toulouse et acheva de l'écrire le 26 avril et 1er mai 1564, ouvrage qui ne fut imprimé qu'au mois de mai 1566, quatre mois seulement avant sa mort. Le privilège accordé à l'imprimeur est daté du 26 de ce même mois et donné par le Roi, alors à Saint-Maur-des-Fossés.

Voici le titre exact de cet ouvrage que nous tenons, malgré sa longueur, à donner textuellement, d'après l'exemplaire de l'édition 1567 que nous possédons. « Les six livres Du Sacrement de l'Autel pour la confirmation du peuple François, prouvé par texte de l'Ecriture Saincte auctorité des anciens docteurs, et propres tesmoignages des adversaires de l'Eglise Catholique. Composez par Jean d'Albin de Valzerg dit de Serès, Archidiacre de Tholose. Depuis augmentez et enrichis par le mesme autheur, comme pouvez voir plus à plain par la page cinquiesme. »

A Paris, chez Guillaume Chaudière, en la Rue Saint-Jacques, à l'Enseigne du Temps et de l'homme Sauvage. M. D. LXVII. Avec privilège du Roy (1).

Jean d'Albin de Valzergues termine le volume par ces

______

(1) La marque de G. Chaudière porte en outre cette devise faisant allusion à la faux du Temps : *Hanc assiem sola retundit virtus.*

200 + 10 v.

mots, en s'adressant aux ministres protestants. « Escrit à Tholose, par celuy qui désire autant vostre salut comme le sien propre. »

C'est à la fin de l'opuscule publié en 1576 qu'est inséré l'Epicœdium de Jean Cardone, « Joannis Cardoniani, Tolosatis legum Doctoris, in obitum Joannis Albini, vulgo de Seres, peritissimi Theologi, Tolosani Archidiaconi, ad amplissimum virum D. Latomum in Senatu Tolosano Præsidem, Epicædium » (1).

Nous y voyons la longue énumération des amis de Jean d'Albin,

« Quis magis est crebris clarus amicitiis ? »

dit Jean Cardone, et il nomme successivement le célèbre cardinal Jacques Amyot, Jean de Roux qui fut capitoul de Toulouse en 1579 et 1591 ; Pierre de Costa, juge-mage de Montpellier, ou bien un conseiller au parlement de Toulouse en 1572, signalé comme zélé catholique ; Gérard Roussel, abbé de Clairac, prédicateur de la reine de Navarre, sœur de François Ier, et qui fut évêque d'Oloron ; ou bien est-ce un Roussel, vicaire-général à Montpellier en 1595 ; Georges d'Armagnac, l'archevêque de Toulouse, que nous avons déjà nommé. Le célèbre jésuite Edmond Auger que saint Ignace avait lui-même distingué, qui enseigna la poésie et la rhétorique à Pérone et à Padoue et vint à Pamiers en 1559. Sa vie a été écrite en 1716. On assure qu'il avait converti plus de quarante mille hérétiques. Il

---

(1) Nous présumons que l'auteur de l'Epicædium est le même que Jean-Baptiste Cardone, natif de Valence en Espagne, à qui le pape Grégoire XIII donna l'évêché d'Elne, et plus tard occupa successivement le siège de Vic d'Osona et celui de Tortose. Il est mort en 1590, laissant plusieurs ouvrages contre les hérétiques que nous indique Moréri.

était bien digne de l'inaltérable amitié de Jean d'Albin, comme nous le dit Jean Cardone :

Sic adamentæ o conjunctio fervida nexu
Albinum Edmundo vinxerat Augerio.

Nous avons dit que Gilbert Genébrard, Arnaud Sorbin de Sainte-Foy et Arnaud de Pontac, venus à Toulouse pour s'entretenir avec Jean de Valzergues, attirés par sa grande réputation, eurent la déception d'arriver peu de jours après son décès et qu'ils s'en retournèrent à Paris, bien attristés, mais avec la résolution de faire imprimer les ouvrages qu'il avait laissés et de composer son « tombeau ». On nommait ainsi le recueil des vers et panégyriques que les poètes et orateurs écrivaient à la louange d'un mort illustre ; pieuse et très louable coutume pour conserver sa mémoire avec plus de certitude que les monuments de bronze, de granit et de marbre, détruits tôt ou tard par le temps et les révolutions. Le tombeau élevé dans le cloître de Saint-Etienne à Jean d'Albin de Valzergues par les habitants de Toulouse, n'existe plus et les derniers vestiges en ont disparu à l'époque de la Révolution, nous dit M. le vicomte de Bonald. Quelques distiques latins sont plus durables (1). Mais la composition la plus impor-

(1) Un jeune écrivain, élevé dans le culte de la littérature classique, et déjà très apprécié parmi les hommes de lettres les plus marquants de notre époque, M. Edouard Champion, a eu l'ingénieuse pensée de rétablir cet ancien usage des vieux auteurs, et de réunir dans un charmant petit volume, d'une lecture agréable, toutes les lettres écrites, d'après sa consultation, à notre jeune ami, par nos principaux écrivains contemporains, pour lui exprimer leur opinion personnelle sur Louis Ménard, mort récemment, à la fois penseur, peintre, philosophe, écrivain et critique d'art, « qui, dit M. Edouard Champion, s'apercevant de la lourde erreur des romantiques, retourna puiser aux sources naturelles et vraies de la seule Beauté : l'Antiquité. »

tante et donnant quelques précieux détails sur la vie de Jean d'Albin de Valzergues, c'est l'*Epicædium*, ou l'éloge funèbre en vers latins. Ces deux cent vingt-deux vers — cent onze distiques — sont dédiés à très illustre seigneur messire Nicolas de Latomy, second président au Parlement de Toulouse. « C'était un zélé catholique. On l'accusa d'avoir préparé secrètement le massacre des protestants détenus à la Conciergerie, qui eut lieu le 4 octobre 1572, malgré le premier président Jean Daffis et le gouverneur de la ville, La Valette. Il avait de nombreux ennemis parmi les protestants qui l'accusèrent aussi d'avoir profité de sa position pour extorquer des sommes d'argent à quelques-uns de leurs coreligionnaires. Cette accusation parut tellement grave, qu'un arrêt du conseil en renvoya l'examen et le jugement au Parlement de Bordeaux qui le déclara innocent. De leur côté, les Etats du Languedoc prirent une délibération pour protester contre cette accusation et attester l'honorabilité du président Latomy. Son nom avait été donné à une rue de Toulouse, voisine du palais du Parlement. On le fit disparaître à la Révolution, et, plus tard, il a été remplacé par le nom d'un célèbre astronome toulousain du XVIIIe Darquier (1). »

Cette courte notice sur le président Nicolas de Latomy était nécessaire pour expliquer les grands éloges que lui décerne Jean Cardone.

Jean Cardone nomme ensuite Daffis que M. le baron Desazars de Montgailhard nous dit être Jean Daffis, premier président du Parlement de Toulouse en 1562, mort en 1581, et père de Jacques Daffis, avocat général au même

____

(1) Notes dues à l'obligeance de M. le baron Desazars de Montgailhard.

Parlement, massacré par les religionnaires le 10 février 1589, dans les prisons de la Conciergerie, peu après l'assassinat de son beau-frère, le premier président Etienne Duranti que Cardone range également parmi les amis de Jean de Valzergues, ainsi que Bertrand Sabatier et Jean d'Aygua, délégués en 1562, par la ville de Toulouse auprès du roi Charles IX.

> Daffius huic (Albino) charus, charus Sabaterius, Aygua,
> Blancus, Murellus, Tornœrusque fuit.

Il s'agit ici — suivant l'indication de M. Desazars de Montgailhard — de Blanchi, chancelier de l'Université de Toulouse, vicaire-général du cardinal d'Armagnac; de Jérôme Murel, conseiller laiz au Parlement de Toulouse en 1555; et d'un membre de la famille parlementaire du Tornoer, alliée du président Jean Daffis. Arnaud Fabars, docteur et avocat, qui fut capitoul de Toulouse en 1578, Jean de Borderia, docteur et maître de requêtes de la reine Marguerite, capitoul en 1561 ; Jean Babut, également capitoul en 1564, sont cités dans les vers de Cardone, avec Bérenger Fernand, l'habile professeur de droit, que le Parlement appelait dans les questions difficiles :

> Te, pie vir, legum splendor Fernande silebo ?
> Dicare affini, docte Fabarse, sono.
> Junxœro Borderiam, Durandumque, atque Babutum.
> Postera virtutes Albini sæcula norint.
> Atque legent tanti scripta relicta patris ?
> Temporis Albini hic est superator edacis,
> Ut, Latome, imbellis victor es invidiæ.
> Quod dedit Albino Mors, Præses candide, Vita
> Dat tibi : Mors illum, te proba Vita beat.

On voit que l'auteur fait allusion à l'innocence reconnue du président Latomy,

Enfin, l'auteur des distiques n'a garde d'omettre parmi les amis les plus chers de Jean d'Albin de Valzergues, l'illustre Arnaud Sorbin et le célèbre Genébrard :

> Sorbini nomen mittam immortale diserti,
>   Urbis spem nostrae, Montegiique decus ?
> An prætermittam te, Genebrarde, memor ?
> Tum Mœcenatem fecisti pluris amicum,
>   Quàm dotes animi fecerat ille tui ?

Il achève cette longue énumération par le nom du cousin germain par alliance de Jean d'Albin, Pierre de la Garde de Saigne, mari d'Antoinette d'Albin de Valzergues.

> Sagnæ, antiqui cognatio sanguinis aeque,
>   Ac virtus, illum junxerat orba tibi. (1)

Nous apprenons encore que le roi Charles IX et la reine Catherine de Médicis eurent souvent l'occasion d'entendre le célèbre prédicateur et que tous les grands de la cour étaient, comme les souverains, suspendus aux lèvres de l'orateur :

> Carolus, ah ! quoties, quoties Catharina Tolosæ
> Dicentem Albinum laudibus extulerat ?
> Rege panomphæum cùm diceret auspice Christum
>   Pendebant proceres ejus ab ore pii.

(1) A moins que ce ne soit l'un des enfants d'Antoinette d'Albin de Valzergues, celui dont l'historien de Thou parle en ces termes, et auquel il avait succédé au Parlement de Paris : « François de la Garde, seigneur de Saignes, conseiller au Parlement de Paris, aussi célèbre par son érudition qu'illustre par sa noblesse, qui étoit une des plus anciennes du Quercy, étant mort (1578) d'une maladie violente, on jeta les yeux sur moi pour remplir sa place. » (*Hist. univ.*, t. VII, liv. LXVI).

Sa réputation universelle attirait à Jean d'Albin des demandes de toutes les églises catholiques de France. Il prêcha à Bordeaux, en Saintonge et jusqu'en Bretagne.

> Quis locus in Gallo, quem non is viserit, orbe ?
> Quem non moverunt illius ora sono ?
> Omnia visuro, peragratis undique Terris,
> Visendus tandem celsus Olympus erat.
> Invisit Terras, ut Terris utilis esset,
> Non tibi : nunc Cœlos, ut sibi prosit, adit.

*
* *

Le second des petits volumes contenant les autres œuvres de Jean d'Albin de Valzergues, porte ce titre :

« Opuscules de feu Jean d'Albin de Valzerg, dit de Seres, archidiacre de Tholoze, traitant principalement l'asseurance qu'ont les catholiques de la vraye Eglise. »

« Le contenu desdits Opuscules est à la page 8. »

A Paris, chez Guillaume Chaudière, etc., M.D.LXXX. Avec privilège du Roy.

Ce recueil d'épîtres est composé de 72 feuillets (paginés au recto) et se termine par cette mention : « Achevé d'imprimer le vingt-uniesme jour de may, mil cinq cens quatre-vingt. »

Au commencement se trouve un avant-propos adressé « Au Benevole Lecteur. R. T. L. » sans doute par Guillaume Chaudière, ou l'un de ses illustres amis, Génébrard ou Pontac, qui rappelle encore l'extrême modestie de l'auteur de ces divers écrits « qu'il n'entendoit, et moins encore vouloit permettre qu'ils feussent jamais mis en lumière, comme en peuvent faire foy les protestations fréquentes qu'il en faisoit ordinairement à ses plus familiers, et les lettres qu'il a escrit, environ deux ans, à ses amis qui estoient à Paris. Non qu'il ne desirast bien l'avancement de la religion catholique : car en cela il ne le cédoit à personne, comme sçavent ceux qu'ils ont cogneu ; mais pour ce qu'il estoit si franc de vanité et fard, qu'il ne se soucioit d'estre receu du monde : joint qu'il prisoit si peu sa marchandise, qu'il la disoit indigne d'estre communiquée à plusieurs, n'estant, comme il disoit, (comme aussi tu verras par le contenu de la première épistre), que besongne d'une après disnée, qu'il vouloit revoir devant que mettre en lumière ; ce que nous devons regreter ne luy avoir esté possible pour les grandes occupations qu'il avoit à prescher le saint Evangile, en quoy il estoit excellent, etc. »

« Ça esté l'Hercules qui a tué tant de monstres qui nous infestoient, et faict qu'en plusieurs lieux où il a presché, que les gens de bien, (grâces à Dieu) vivent en paix et asseurance, les adversaires mis soubs le pied et en peu de crédit. Bref, le commun pleur de sa mort qui a esté si grand, que de cent ans homme n'a esté plus regretté en la Guienne, tesmoigne assez quel grand fruict il avoit faict, et combien il estoit nécessaire en ce temps. Pour conclusion, je vous prie recevoir ses petits traictez d'aussi bon cœur qu'avez faict cy-devant ses autres livres. etc. »

Après le sommaire des trois épîtres adressées, la première, « à une demoiselle que l'on taschoit de séduire en hérésie », la seconde, « à une autre damoiselle, touchant la vérité du Saint-Sacrement » ; la troisième épitre « à une damoiselle De la vraie Eglise » sur le danger qu'il y a de s'en séparer, avec les marques pour la discerner de la fausse », suit la Table pour plus facilement trouver les sentences plus singulières » contenues dans le volume.

Les opuscules de Jean d'Albin de Valzergues sont d'une rareté extrême, et c'est avec bien de la peine que nous avons pu nous les procurer. L'un de ces petits volumes, avons-nous dit, porte la date de 1576, l'autre celle de 1580. Le privilège du roi, toujours en faveur de Guillaume Chaudière, est daté, l'un du 16 juillet 1566, l'autre du 6 juin 1567.

Le petit volume imprimé en 1576, composé de 102 pages plus douze, non numérotées, contenant une épître de Jean d'Albin et la table des matières), porte ce titre :

« Discours chrétien et advertissement salutaires au simple et très chrestien peuple de France pour cognoistre par la parole de Dieu) les bons et fidelles Evangelizateurs des faux prophètes, par une conférence des Ecritures Sainctes et anciens Docteurs de l'Eglise faictes avec les Ministres de l'Evangélique réformation, touchant le faict de la vocation légitime. »

Par Jean d'Albin de Valzerg, dit de Seres, archidiacre de Tholoze, quarte édition. A Paris, chez Guillaume Chaudière, etc., M. D. LXXVI.

La première Epître se termine par ces mots :

« Ecrit à Tholoze, ce VIᵉ jour de novembre 1565 » et est suivie de ces trois distiques latins signés : A. S. M. (Arnaud Sorbin, prieur de Montech).

LIBELLUS AD LECTOREM.

Occlamant multi, Domini legemque fidemque.
Quas crebro nullo jure modoque petunt.
At quisquis mandata Dei perdiscere sacra
Postulat, hæc toto pectore scripta legat.
Nam per me vanos nosces falsosque prophetas,
Atque sequi vera, me duce, crede, potes.

A. S. M.

200 + 10 v.

Arnauld Sorbin pouvait être un grand orateur, un bon latiniste et helleniste, mais il faut avouer que ses vers français manquent de poésie : Boileau les aurait trouvés encore plus rocailleux que ceux de Chapelain. Son « Invitatoire à tout humain lecteur » n'était guère propice à la vulgarisation des ouvrages de Jean d'Albin.

> ... N'est-ce pas
> Saison cent fois heureuse,
> Qui contrainct ma dite muse
> A talonner le pas
> De l'horrible hérésie ?
> Heureux, François, vivrez
> Quand la voye suyvrez
> Que Serès a suyvie.
> Je sçay bien qu'un languard
> Ou mocqueur, me dira
> Que ce n'est pas mon art,
> Et au pis mesdira
> De mes vers mal limez,
> Trop par les Catholiques
> Aymez, et d'hérétiques
> Trop peu desestimez.
> Mais je te prie, lecteur
> En iceux ne vouloir
> Contempler qu'un vouloir
> Procédant d'un bon cœur,

L'auteur se rend justice, mais ce n'est sans doute que fausse modestie. Cependant, nous remarquons une autre pièce de vers d'Arnaud Sorbin, intitulée ; « Regret sur le trespas de l'Auteur » (Jean de Valzergues) dédiée au peuple toulousain. Cette longue tirade de douze strophes de huit vers chacune, est un peu plus intelligible. Elle nous prouve d'abord que le nom de Jean d'Albin écrit *Seres* et *Serrez* se prononçait *Séré*.

« Tu sçais bien dit-il, que lorsque le mouvement de l'erreur saccageoit les pauvres âmes ».

> Ce fut ores que Dieu t'envoya ton Serès
> Qui les a brusquement et d'un coup resserrez,
> Et qui a de ta foy rallumées les flammes.
> Sa douceur, sa bonté, tu sentis à propos,
> Et sa vive doctrine qui te meit en repos :
> C'estoit tout ton soulas, que de pouvoir ouïr
> Ung de ses beaux sermons, le dimanche, à loisir.

Les éloges hyperboliques, si fort en usage dans les discours, ne manquent pas dans ces quatre-vingt-seize vers où Jean d'Albin est comparé à Epaminondas, mourant au milieu de sa victoire ; nous pensons qu'il est inutile de les reproduire entièrement.

De même nous faisons pour les vers de Claude du Gué dit Vadianus : un poète qui avait latinisé son nom, suivant la mode de ce temps. Ce sont deux sonnets, l'un au Lecteur, l'autre sur le Saint-Sacrement.

Ce Claude du Gué était un prêtre natif des environs de Sablé, fort savant dans les langues, dit Moréri, et auteur de plusieurs ouvrages cités par les bibliographes La Croix du Maine et Antoine du Verdier, ses compatriotes. Ses vers ne valent guère mieux que ceux de l'éloquent Arnaud Sorbin.

Les éloges ne manquèrent pas, comme on le voit ; mais, hélas ! l'oubli s'est fait bien complètement autour de la mémoire du célèbre et saint apôtre de Toulouse.

Le monument érigé sur sa tombe dans le cloître de l'église Saint-Etienne a été détruit pendant la Révolution, nous a dit M. le vicomte de Bonald ; ses œuvres sont de-

venues introuvables, même pour les plus curieux biblio-
philes, et ce n'est que, grâce à l'intérêt personnel de l'un
de ses arrière petits-neveux du XXe siècle, que son nom
est rappelé dans ces pages, probablement elles aussi
bien éphémères. Il en est de même des vers d'Arnaud
Sorbin, l'illustre prélat, comblé des faveurs de nos anciens rois : et pourtant l'évêque de Nevers croyait certainement assurer l'immortalité à son ami en publiant ses
œuvres et en célébrant ses qualités et ses vertus. C'est
cette dernière pensée qui lui inspirait les vers suivants :

> Te souvenant tousjours de l'ardeur qu'il taschoit
> Apposer en ton cœur, ores qu'il te preschoit,
> De sa dévotion et de sa sobre vie,
> Bref, de toutes ses mœurs, mœurs que jamais l'envie
> Ny du temps ronge-tout, ny d'aucun mesdisant
> Ne pourront obscurcir : car tant que l'on suyvra
> Ce désert misérable, heureusement vivra
> Ung heureux souvenir de Serès bien disant.

Cet hommage était mérité, et vaut mieux que la classique comparaison avec Epaminondas. Cardone, dans ses
distiques latins, comparaît plus justement Jean d'Albin
à saint Exupère, le courageux évêque qui avait sauvé
Toulouse de la fureur des Vandales.

VIII

Branche d'Albin substituée a la Maison de Pelegri, seigneurs et barons du Vigan, d'Ussel, de Nadillac, de la Mothe-Cassel, de Farges, de Saint-Sauveur, de Senaillac et de Domenac, en Quercy.

Avant de reprendre la filiation des diverses branches puînées de la maison d'Albin de Valzergues, nous devons intercaler ici un document récemment parvenu à notre connaissance, car il ajoute un degré à la filiation déjà établie dans les premiers chapitres de cette notice historique.

C'est un fragment de la généalogie d'Albin aux archives départementales du Lot à Cahors et dont l'existence nous a été indiquée par l'un de nos obligeants correspondants et allié, M. le marquis de Coligny-Châtillon, descendant d'Anne d'Albin de Valzergues, (mariée en 1597 à Gabriel de Polignac, et mère d'Anne de Polignac, femme de Gaspard de Coligny, duc de Châtillon, amiral de Guyenne et maréchal de France.)

Jean d'Albin de Valzergues, mari de Marie du Mas, dame de Naussac, aurait été — d'après cette généalogie — non pas le père de Charles, Bégon et Antoinette d'Albin, mais leur aïeul, par son fils, également prénommé Jean, et marié à Isabelle de Barasc, fille de ·Déodat de Barasc, seigneur de Béduer, et d'Antoinette de Gimel.

Nous avions toujours remarqué que les dates des précédents degrés ne concordaient pas parfaitement avec la filiation adoptée par les différents généalogistes. Mais tout s'explique par l'adjonction de ce degré jusqu'à présent ignoré. C'est sans doute de son aïeule paternelle.

Antoinette de Gimel, qu'Antoinette d'Albin, femme de Pierre de la Garde de Saignes, tenait son prénom.

Cette alliance de Jean d'Albin était digne de celles contractées par sa famille. Isabelle de Barasc descendait de Déodat, seigneur de Barasc en Quercy, croisé en 1096. Son nom est inscrit à la salle des Croisades à Versailles avec ses armes qui étaient : *Coupé, au 1er d'azur, au lion léopardé d'argent ; au 2, d'or, à la vache passante de gueules, colletée et clarinée d'azur.*

Les seigneurs de Barasc, nous dit M. le marquis de Cardaillac, appartenaient à l'une des plus anciennes familles du Quercy. Les Archives du Lot contiennent plus de 70 pièces concernant la maison de Barasc, avec les notes du savant Lacabane qui en avait dressé le tableau généalogique. Nous y voyons que Géraud de Barasc était évêque de Cahors en 1236. Arnaud de Barasc, mari de Sebelie de Panat, trisaïeul d'Isabelle de Barasc, testa en 1315. Sa sœur, Hélène de Barasc, épousa Bertrand II, vicomte de Bruniquel, neveu de Raymond VII, comte de Toulouse. Son fils, Arnaud de Barasc, s'allia à Marguerite de Cardaillac, fille de Bertrand, seigneur de La Capelle-Marival. Leur fils Déodat reçut, à l'occasion de son mariage avec Catherine de Cruéjols, deux mille cinq cents livres d'or de Béatrix d'Armagnac, fille du comte Jean II (Mai 1388).

Déodat de Barasc, père d'Isabelle, testa en 1465, et sa veuve, Antoinette de Gimel, en 1471.

Quant à la maison de Gimel, nous avons eu déjà l'occasion de la mentionner en parlant de celle de Cardaillac son alliée. Antoinette de Gimel, la belle-mère du seigneur de Valzergues, était fille de Jean de Gimel et de Jeanne de Cros, sœurs des cardinaux Jean et Pierre de Cros, cousins des papes Clément VI et Grégoire XI, de la famille Rogier ou Roger en Limousin. Guillaume de Gimel, son frère, avait donné, en 1458, quittance de la dot de sa sœur à son beau-frère Déodat de Barasc.

« Cette maison de très ancienne chevalerie — dit le *Nobiliaire du Limousin* — tire son nom d'une terre située près de Tulle, et qui dans les temps anciens avait le titre de vicomté. »

En 1080, Abon, Ameil et Guillaume de Gimel, frères, souscrivirent une charte en faveur de l'abbaye d'Uzerche. En 1111, Hélie de Gimel fait un don à l'abbaye du Vigeois. En 1126, Ranulphe, vicomte de Gimel, était présent à un accord conclu au château de Pompadour, entre Golfier de Lastours et l'évêque de Limoges. Vers l'an 1217, Hélie de Gimel, chanoine de Limoges, « d'une admirable sainteté », disent les chroniques, transporta, à main armée, pour les déposer dans la cathédrale, les reliques de saint Just, afin de les soustraire à la rapacité des brigands qui ravageaient les environs de Saint-Just.

Pierre de Gimel est l'un des chevaliers du Limousin qui prirent part à la croisade en 1252.

Les armes de Gimel qui figurent à la salle des Croisades sont : *Burelé d'argent et d'azur de six pièces, à la bande de gueules brochant.*

De tout temps, la fortune et les honneurs trop rapidement survenus éblouissent leurs heureux possesseurs, étouffent les sentiments de famille au profit de l'ambition. L'histoire fournit cent exemples de cette triste vérité.

Nous en trouvons un bien frappant à propos des alliances de la maison de Gimel que nous avons énumérées.

Nous avons dit que Blanche de Gimel, tante de la femme du seigneur de Valzergues, avait épousé Pierre Roger, comte de Beaufort, son cousin, et, comme elle, proche parent des papes Clément VI et Grégoire XI. Ce mariage ne fut point agréé par la famille de Pierre Roger.

Celui-ci s'était, dès sa jeunesse, vivement épris de Blanche de Gimel, habitant le château de ce nom dans le voisinage de celui de Rosiers, et avait toujours déclaré qu'il n'aurait pas d'autre épouse que celle de son choix. C'était aller contre les vues ambitieuses de ses parents qui lui avaient ménagé le choix de deux grandes alliances, soit avec la sœur du comte d'Armagnac ; soit avec la nièce du comte de Penthièvre, Nicole de Blois, fille de Charles de Bretagne, baron d'Avaugour, et d'Isabeau de Vivonne, qui, en 1437, porta la riche succession de cette branche de la maison de Bretagne à son mari, Jean de Brosse, seigneur de Sainte-Sévère et de Brossac, vicomte de Bridiers.

Le prestige de la puissance pontificale était si grand que les sœurs et nièces des souverains-pontifes se voyaient presque toujours recherchées par les princes les plus qualifiés. L'honneur d'avoir donné tout récemment deux papes à l'Eglise — Clément VI et Grégoire XI, l'oncle et le neveu — faisait oublier à la famille des Roger les liens qui l'unissaient aux seigneurs de Gimel, bien que ceux-ci fussent d'une origine plus ancienne et de race féodale plus puissante dans la contrée. Les seigneurs de Rosiers semblaient donc dédaigner les descendants des vicomtes de Gimel et ignorer quels étaient les degrés de parenté, cependant bien établis, comme l'a prouvé le savant Baluze.

Mais lorsque, sans délibération de ses parents et sans le sceau de son conseil, Pierre Roger, comte de Beaufort, vicomte de Turenne, etc., épousa Blanche de Gimel, par contrat du 8 juillet 1432, passé au château de Gimel, les degrés d'alliance furent reconnus pour bien réels, non pour s'en prévaloir, tout au contraire, mais afin d'en tirer le prétexte de faire annuler ce mariage, conclu, disait-on, sans les dispenses obligatoires.

Le comte de Beaufort fut même obligé pour en assurer la validité, d'obtenir, l'année suivante, de la Grande-Pénitencerie des rescrits favorables, approuvés ensuite par l'évêque de Limoges.

La dot de Blanche de Gimel n'était pas non plus en rapport avec sa naissance. Son frère, Guillaume de Gimel, chef de la famille, avait plusieurs sœurs qu'il lui avait fallu doter et auxquelles il ne pouvait guère assigner une très large part de l'héritage patrimonial. Cependant il avait constitué à sa sœur Blanche, comtesse de Beaufort, une dot de deux mille écus d'or, somme excessive par rapport aux biens de la maison de Gimel. Sa sœur aînée n'avait eu que treize cents francs, et sa sœur Antoinette reçut seulement deux mille francs, en se mariant à Déodat de Barasc, « à cause, dit le contrat de mariage de Marguerite, du grand nombre de filles qui étaient alors dans la maison de Gimel, et aussi à cause que les guerres l'avaient ruinée ». De son mariage avec Pierre de Beaufort, Blanche de Gimel n'eut que deux filles : Anne de Beaufort, vicomtesse de Turenne, mariée à son cousin germain, Agne de la Tour ; et Catherine de Beaufort, alliée, le 23 septembre 1445, à Louis, comte de Ventadour, fils de Charles et de Marie de Pierrebuffière.

Le document retrouvé dans les Archives du Lot ne nous fournit pas seulement un degré à intercaler dans la filiation des seigneurs de Valzergues, il nous apprend encore, mais d'une façon bien peu détaillée, que l'un des puînés de la maison d'Albin avait épousé l'héritière d'une famille du Quercy en acceptant la substitution imposée par son beau-père, désireux de voir son nom perpétué par les descendants de sa fille unique.

Ce genre de substitution n'était pas rare au moyen-âge ; les exemples seraient nombreux à citer.

Le rameau d'Albin dont il est ici question eut donc pour auteur un certain Jean d'Albin de Valzergues auquel nous assignons le degré qui suit.

III. — JEAN D'ALBIN DE VALZERGUES, peut être le frère puîné d'Aymeric d'Albin, seigneur de Valzergues, et fils de Barthélemy d'Albin, vivant avant 1395. Nous avons vu qu'en l'année 1416, Jean et Bertrand d'Albin figurèrent parmi les témoins présents au mariage de Jean de Morlhon.

Ce serait alors ce Jean d'Albin qui épousa JEANNE DE PELEGRI (*de Pelegrino*), fille et héritière de Hugues de Pelegri, chevalier, seigneur et baron du Vigan, près Gourdon en Quercy, et d'Antoinette de Cosnac, à la condition que les enfants issus de ce mariage prendraient le nom de leur mère, nom fort ancien dans cette province du Quercy où étaient les possessions territoriales de cette famille. Elle était originaire de Cahors, nous dit encore M. le marquis de Cardaillac, qui a bien voulu nous renseigner sur cette alliance. Elle joua un certain rôle dans le Quercy pendant la guerre de Cent-Ans. Un Pelegri avait, en 1331, fondé un hospice au Vigan. Un autre de ses membres, Raymond de Pelegri chanoine de Périgueux, frappé du développement que prenait l'université de Cahors établie par le pape Jean XXII, fonda pour treize étudiants pauvres le collège Saint-Nicolas de Pellegri à Cahors, qui subsista jusqu'à la Révolution.

A la famille de Pelegri du Quercy, on pouvait aussi rattacher une famille de la ville de Millau, du même nom, dont M. de Barrau a donné la généalogie, et connue depuis le XIII° siècle (1).

Celle-ci posséda le fief important de la Roque-Sainte-Marguerite. Hector et Jean de Pelegri *alias* Pelegrin de

(1) *Doc. sur les Fam. de Rouergne*, t. III, p. 307 et suiv.

La Roque Sainte-Marguerite, étaient chevaliers de Malte en 1540. Un autre Jean de Pelegri, marié en 1560 à Marguerite de Montcalm Gozon, n'eût qu'une fille qui épousa en 1584 François de Garceval, chevalier, seigneur de Recoules et de Saint-Geniez, à la charge par ce dernier de faire porter à ses descendants le nom et les armes de Pelegri, qui étaient : *de gueules, au bourdon d'argent posé en pal, accosté de deux coquilles de même.*

Les armes de Jeanne de Pelegri, femme de Jean d'Albin étaient, d'après la généalogie d'Hébrard : *d'azur, à trois jumelles d'argent.*

De ce mariage vinrent trois enfants :

1° AYMERIC D'ALBIN DE VALZERGUES, dit DE PELEGRI, qui suit ;

2° JEAN-D'ALBIN DE VALZERGUES, dit DE PELEGRI, chanoine de l'église collégiale du Vigan, recteur de la paroisse de Nozac.

3° ALUNGUET D'ALBIN DE VALZERGUES, dite DE PELEGRI.

L'existence de cette fille nous était connue par la généalogie de la maison de la Broue de Vareilles ; mais nous ne savions à quelle branche la rattacher. C'est son contrat de mariage, en date du 22 octobre 1458, retrouvé aux archives départementales du Lot à Cahors, qui nous a fixé sur sa filiation et les véritables dates (1).

Par cet acte en latin passé au Vigan, en présence des parents de l'épouse et de « nobles et discrètes personnes Jean Daunet, seigneur du lieu Daunoux (?), messire Pons de Ferrières et Raymond de Rodorelle, chanoine de l'église collégiale du Vigan, noble Alunguet de Valzergues, *alias de Pelegrino*, fille de noble Jean de *Pelegrino*, seigneur du

(1) La Chenaye-Desbois indiquait le 17 octobre 1495.

lieu du Vigan (*de Vicano*), diocèse et sénéchaussée de Cahors, épouse noble François de la Broue (*La Broa*) fils de noble Jean de la Broue, habitant de la ville d'Aurillac, diocèse de Saint-Flour ». Son père et son frère, « Aymericus de Valsergas, *alias de Pelegrino* ». Celui-ci, bien qu'absent — *licet absenti* — lui assignent en dot, outre ses vêtements nuptiaux « *videlicet vestes nuptiales bonas et sufficientes* » la somme de « mille livres tournois, monnaie sonnante », dont ladite « noble Alunguet de Valzergues, dite de Pelegri donne quittance aux dits Jean et Aymeric de Pelegri pour tous les biens paternels et maternels qu'elle peut prétendre. »

La famille de la Broue, très connue en Poitou où se fixa l'une de ses principales branches, sous le nom de marquis de Vareilles Sommières, existe encore dans cette province et s'y est distinguée par ses alliances, ses emplois et dignités.

Elle compte plusieurs conseillers au parlement de Toulouse, deux maréchaux de camp, plusieurs colonels ou mestres de camp, deux chevaliers de Malte, une chanoinesse de Saint-Cyr, plusieurs chevaliers de Saint-Louis et deux évêques : Pierre de la Broue, évêque de Mirepoix en 1702, et François-Henri de la Broue de Vareilles, évêque de Gap, en 1784.

Les armes de la Broue étaient : *d'argent, à trois corbins ou merlettes de sable, 3 et 1*, armoiries changées depuis par François de La Broue, lequel — dit le *Dictionnaire des Familles du Poitou* — abandonna les armoiries de son père en 1458, en épousant Alunguet de Valzergues, et prit : *d'azur, au chevron d'or, accompagné en chef de deux coquilles d'argent et d'un gantelet de même renversé en pointe.*

Devise : *In manibus Domini sors mea.*

Tout d'abord nous pensions que ces dernières armoiries étaient celles de la famille de Pelegri à laquelle les enfants de Jean d'Albin et de Jeanne de Pelegri avaient été substitués : les deux coquilles faisant allusion au nom de *Pelegrino*, que La Chenaye-Desbois traduisait par Pellegrin.

D'après ce dernier auteur « Allunguette de Pellegrin dite de Valzergues » mariée à François de la Broue, fut mère de Martin de la Broue et aïeule d'Antoine de la Broue, tandis que Beauchet-Filleau lui donne pour fils Philippe de la Broue, l'un des gentilshommes du roi de Navarre et capitoul de Toulouse.

IV. — AYMERIC D'ALBIN DE VALZERGUES DE PELEGRI, seigneur et baron du Vigan, de Senaillac, de Domenac et autres lieux.

Il nous est connu d'abord par le contrat de mariage de sa sœur et par un procès qu'il eut à soutenir, conjoitement avec sa mère, Jeanne de Pelegri, alors veuve, le 28 octobre 1476, contre les habitants de Senaillac et de Doménac, « sur ce que — lisons-nous dans la note extraite des Archives du Lot — la dite Jeanne de Pelegrý et le noble Aimeric d'Albinhio, nommé par quelques-uns de Pelegry, mère et fils, disaient et assuraient qu'ils étaient héritiers universels par égales portions de feu noble Hugues de Pelegry, père de la dite noble Jeanne et seigneur du Vigan, co-seigneur aussi des lieux de Senaillac et de Domenac par le moyen du dernier testament fait par le dit feu noble Hugues de Pelegri, et écrit par un notaire public, et parce que ce noble Hugues de Pelegri, durant sa vie, seigneur du dit lieu du Vigan et co-seigneur pour la moitié et par indivis avec le seigneur Abbé du monastère de Saint-Sauveur de Figeac, des dits lieux de Senalhac et de Domenac et de leurs appartenances, ils disaient que eux, la dite Jeanne et Aimeric, mère et fils, étaient par égales portions dans les droits et actions qui avaient appartenus à noble Hugues de Pelegry, etc. »

La généalogie de la maison de Gourdon de Genouillac nous fait connaître le nom de la femme d'Aymeric d'Albin Pelegry ou Pellegrin. Il épousa Matheline Ricard de Gourdon, fille de Jean Ricard, 2ᵉ du nom, co-seigneur de Gourdon, seigneur de Reillac, et de Jeanne de Raffiels, et sœur d'autre Matheline Ricard, mariée à Jean de la Valette, seigneur de Parisot. Son frère épousa, d'abord, en 1482, Margüerite d'Hébrard de Saint-Sulpice, et en 1495, Marguerite d'Aubusson. Ils étaient les neveux de Galiot de Genouillac, grand-maître de l'artillerie.

Il est inutile de rappeler ici les illustrations et alliances de cette maison dont la généalogie est bien connue.

Les armes étaient : *Bandé d'or et de gueules de six pièces.* Aymeric d'Albin de Valzergues de Pelegri eut au moins deux fils qui suivent : Antoine et Raymond.

V. — ANTOINE d'ALBIN de VALZERGUES de PELEGRI, seigneur et baron du Vigan, de la Mothe-Cassel, d'Ussel, de Farges, co-seigneur de Senaillac, de Domenac et de Nadilhac.

Il nous est connu, d'abord par un acte en latin où l'on voit que « noble et discrète personne Jean de Pelegry, chanoine du monastère du Vigan et prieur de Nozac, est l'oncle paternel (*avunculus sive patruus*) de Noble homme Antoine de Pelegry (*de Pelegrino*) constitué en âge (*in ætate constitutus*), seigneur des dits lieux ci-dessus dénommés. »

(Acte passé par Cantaloube, notaire, le 10 septembre 1507.)

Nous pensons ensuite que c'est ce même Antoine de Pélegri, seigneur du Vigan, qui, dès 1528, était lieutenant du sénéchal de Quercy et mentionné comme tel dans l'Histoire de cette province. On y voit qu'en 1536, il vint à Cahors prêter serment en cette qualité. Il exerçait les mêmes fonctions quatre ans plus tard. Les États du

Quercy s'assemblèrent sous sa présidence, le 11 décembre 1540 (1).

Vingt-deux ans après, en 1562, la ville du Vigan était assiégée et prise par les protestants sous la conduite de Duras. Ils pillèrent l'église et l'abbaye, entourées alors d'une vaste forteresse servant d'habitation aux principaux dignitaires du chapitre de la collégiale. Antoine de Pélegri fut sans doute témoin de ces événements, car il vivait encore en 1563. Le 30 mai 1552, il avait figuré comme l'un des exécuteurs testamentaires de son beau-père Antoine d'Hébrard, qui fit, paraît-il, un second testament en cette année 1563.

Il avait épousé ANNE D'HÉBRARD, fille d'Antoine d'Hébrard, chevalier, seigneur et baron de Saint-Sulpice, et de sa première femme Jeanne de Lévis Caylus, fille de Guy de Lévis, baron de Caylus, et de Marguerite de Cardaillac.

Elle était sœur de Jean d'Hébrard, baron de Saint-Sulpice, chevalier des ordres du roi en 1579, ambassadeur en Espagne, conseiller d'Etat, etc., qui se signala au siège de Metz en 1562 ; marié en 1551, à Claude de Gontaut Biron, dame d'honneur de Catherine de Médicis. Un autre de ses frères, Jean d'Hébrard Saint-Sulpice, chevalier de Malte, périt dans un combat sur mer contre les Turcs. L'une de ses sœurs, Jeanne d'Hébrard, s'allia à René de Pins seigneur de Montbrun.

Anne d'Hébrard avait pour aïeul Jean d'Hébrard, marié en 1493 à Marie d'Arpajon, fille de Guy, baron d'Arpajon, vicomte de Lautrec, et de Marie d'Aubusson.

Il est inutile d'énumérer les illustrations et les alliances de la maison d'Hébrard, encore représentée par la bran-

(1) Guillaume Lacoste, *Histoire du Quercy*, t. III.

che du Rocal en Agenais, et à laquelle appartient M. Fernand d'Hébrard Saint-Sulpice du Rocal.

Rappelons cependant que Jean d'Hébrard, seigneur de Saint-Sulpice, cinquième aïeul d'Anne d'Hébrard, avait épousé en 1378, Marquèse de Pélegri, fille de Bernard, seigneur du Vigan, et sœur de Hugues de Pélegri.

D'HÉBRARD porte pour armes : *Parti d'argent et de gueules*, écartelées des principales alliances, ainsi que nous le voyons dans l'histoire de la maison d'Hébrard Saint-Sulpice, publiée par un savant généalogiste, M. Jules de Bourrousse de Laffore (1).

Antoine d'Albin de Pélegri n'eut point d'enfant de son union avec Anne d'Hébrard Saint-Sulpice, et ses biens passèrent à son frère.

V. — RAYMOND D'ALBIN DE VALZERGUES DE PELEGRI, chevalier, devenu ainsi baron du Vigan, seigneur d'Ussel, etc.

Il épousa, vers 1556, MADELEINE DE LAUZIÈRES THÉMINES, fille de Louis de Lauzières, seigneur de Thémines, et de Madeleine de Roquefeuil.

Elle était sœur de Gabrielle de Lauzières, mariée à François de Roffignac ; de Marguerite de Lauzières, femme de Gaillard de Turenne, seigneur d'Aynac, chevalier de l'ordre du Roi ; et de Jean de Lauzières Thémines, père de Pons de Lauzières, marquis de Thémines, chevalier des Ordres du Roi en 1595, maréchal de France en 1618, gouverneur de Bretagne, mort à Auray en 1627, et qui avait épousé à Cahors, en 1587, Catherine d'Hébrard Saint-Sulpice, fille de Jean d'Hébrard et de Claude de Gontaut Biron, et nièce d'Anne d'Hébrard, femme d'Antoine d'Albin de Pélegri.

(1) Un vol. grand in-4º, Agen 1888.

Madeleine de Lauzières avait pour huitième aïeul Raymond de Lauzières, marié le 13 août 1344, à Marguerite de Clermont-Lodève, petite-fille de Rostaing de Clermont et de Brunissende de Lodève, celle-ci sœur de Bérengère de Lodève, mariée le 6 des Ides de juin 1295 à Bérenger de Thézan, seigneur de Saint-Geniez.

De son alliance avec Madeleine de Lauzières, Raymond d'Albin de Pélegri eut un fils qui suit.

VI. — JEAN d'ALBIN de VALZERGUES de PÉLEGRI, qualifié seigneur et baron du Vigan, marié à DELPHINE DE DURFORT, fille d'Antoine de Durfort, baron de Boissières, etc. ; gentilhomme de la chambre du roi, et de sa seconde femme Jeanne de Luzech, fille de Guillaume-Raymond, baron de Luzech en Quercy, et sœur d'Antoine de Luzech, évêque de Cahors. Antoine de Durfort avait épousé en premières noces Hélis de Cardaillac.

La femme de Jean d'Albin de Pélegri était sans doute la filleule de Delphine de Durfort, sa tante paternelle, femme d'Armand de Gontaut-Biron, baron de Born.

Son aïeul, Raymond de Durfort, avait épousé en 1488, Marguerite de Gazeton, fille et héritière de Fortanier de Gazeton, baron de Gourdon, de Salviac et de Léobard, et de Delphine de Pélegri.

Delphine de Durfort était sœur de Pierre de Durfort, baron de Boissières et de Léobard, mari de Marguerite de Gourdon de Genouillac, fille du grand-maître de l'artillerie, et le trisaïeul d'Antoine de Durfort, allié en 1612 à Catherine d'Albin de Valzergues, comme nous l'avons vu.

De cette alliance, il ne vint probablement qu'une fille, JEANNE D'ALBIN DE PÉLEGRI, dame et baronne du Vigan et autres lieux, comme héritière de cette branche de la maison d'Albin. Elle en porta tous les biens à son mari

Antoine d'Hébrard Saint-Sulpice, avec le nom de Pélegri, en vertu d'une nouvelle substitution, preuve de l'importance et de la considération attachée à cette ancienne race du Quercy.

Antoine d'Hébrard était le fils d'Antoine, baron de Saint-Sulpice, et de sa seconde femme, Anne de Cluzet, et par conséquent demi-frère de Jean d'Hébrard, le chevalier des ordres du roi, d'Anne d'Hébrard, femme d'Antoine d'Albin de Pélegri, et oncle d'Antoine d'Hébrard, évêque de Cahors en 1577, et de la maréchale de Thémines.

On voit par ces détails généalogiques, assez difficiles à saisir au premier abord, que les familles féodales du Quercy et du Rouergue avaient entre elles des alliances souvent répétées. C'était surtout le cas des seigneurs d'Albin avec les maisons de Cardaillac, de Durfort, d'Hébrard, etc.

De son mariage avec Antoine d'Hébrard, Jeanne d'Albin de Pélegri laissa plusieurs enfants ; l'aîné, Christophe d'Hébrard, dit de Pélegri, fut seigneur et baron du Vigan. Il épousa en 1597, Anne d'Avençon ; son fils aîné Claude-Antoine d'Hébrard de Pélegri, baron du Vigan, s'allia en 1631 à Jeanne de La Queille (remariée en 1642 à Foucauld de Gontaut). Il ne laissa que deux filles, Claude-Simone et Anne d'Hébrard, héritières de cette baronnie du Vigan qui passa ensuite à Guyon de Toucheboeuf, comte de Clermont, mari de l'aînée. C'est en qualité de baron du Vigan, que, le 27 août 1646, il recevait quittance de Marie de Veyrières, veuve de Jean de Las Cases, baron de Roquefort. L'un des ancêtres de ce dernier, Bertrand de Las Cases, seigneur de Roquefort, avait épousé, le 27 avril 1458, Madeleine de Barasc.

Devenue veuve, Claude-Simone d'Hébrard épousa Emmanuel-Galiot de Lostanges, marquis de Sainte-Alvère, sénéchal et gouverneur du Quercy. Ils firent abjuration de la religion protestante en 1685. Leur postérité conserva la baronnie du Vigan jusqu'à la Révolution (1). Cette ancienne baronnie appartenait dans ces derniers temps à M. le marquis de Gozon, père d'une fille unique qui habite actuellement le château du Vigan.

IX

Branche des Seigneurs du Guay en Berry

VII. — FRANÇOIS d'ALBIN de VALZERGUES, fils puîné de Bégon et de Jeanne de Ceré, nous est peu connu. En 1552, il se qualifiait écuyer, seigneur de La Madeleine-lès-Mirebeau. Il avait épousé, vers 1530, dit M. de Maussabré, Marie de Barbançois, fille d'Antoine de Barbançois, chevalier, seigneur de Châzon, de Barbançois, de Vâvre, d'Orthebize, de Fontenil, de la Collardière et de la Prugne-Couraud, l'un des Cent-Gentilshommes de l'hôtel du Roi, et de Marie de Bridiers, fille de François de Bridiers, seigneur du Guay, et d'Antoinette de la Faye.

Antoine de Barbançois s'était trouvé le compagnon et frère d'armes de Bégon d'Albin de Valzergues dans la maison du Roi. L'alliance des deux familles était donc toute naturelle, bien qu'étrangères l'une à l'autre par leur origine. Nous parlerons très brièvement de la famille de Barbançois, encore représentée : la généalogie en est fort détaillée dans La Chenaye-Desbois. Disons seulement que la femme de François d'Albin de Valzergues était sœur de Jean de Barbançois, père de Marguerite de Barbançois, mariée en 1554 à Claude de Maussabré, et de Claude de Barbançois, bisaïeul de Guy de Barbançois, comte des

(1) *Nobiliaire du Limousin*, T. III, G^ie de Lostanges.

Roches, capitaine des gardes du prince de Condé. Elle était cousine d'Hélion de Barbançois, chevalier, seigneur de Sarzay, gentilhomme de la chambre de François Ier, et chevalier de l'ordre du Roi, célèbre par le combat qu'il soutint en champ-clos, sur l'ordre du roi, contre François de Saint-Julien, seigneur de Veniers, en 1538. Le seigneur de Sarzay, âgé de plus de soixante-dix ans, ne voulut jamais que son fils prît sa place, malgré ses supplications, et blessa mortellement son adversaire (1). L'histoire rapporte que, « pendant l'action, Charles de Barbançois priait à deux genoux, et les larmes aux yeux, le Dieu des combats, pour qu'il lui plût accorder la victoire à son père, et que ce bon vieillard, ayant remporté l'avantage, alla trouver son fils, pour en rendre grâces à Dieu dans la même église ».

Hélion de Barbançois avait épousé, en 1507, Aimée du Plessis Richelieu, grand'tante du cardinal.

La maison de Barbançois, établie en Berry à la fin du XIIIe siècle, tire son nom d'une terre située dans la Marche où elle était connue depuis Guillaume de Barbançois, vivant à la fin du XIe siècle, qui fit une donation à l'abbaye de Notre-Dame du Pré-Benoît.

Armes : *de sable, à trois têtes de léopard d'or, arrachées et lampassées de gueules*. Cimier : une licorne d'argent.

La branche aînée écartelait du Plessis Richelieu, de Lusignan, de Rieux et de Neuchèze.

La terre de Villegongis en Berry a été érigée en marquisat en 1767.

De son mariage avec Marie de Barbançois, François d'Albin n'eut que deux enfants :

---

(1) Les détails de ce duel fameux sont rapportés par La Chenaye-Desbois, dans la généalogie de Barbançois, et d'après l'*Histoire du temps* de Guillaume Paradin.

1º JEAN D'ALBIN DE VALZERGUES, qui suit ;

2º BÉGON D'ALBIN DE VALZERGUES, dit Bigot de Valzergues, et qualifié étudiant en l'université de Poitiers, dans une instance — conjointement avec Juliette de Baillou, veuve de Jacques de Bridiers, seigneur du Guay — contre des tenanciers de ladite seigneurie du Guay, en 1560.

L'intervention de Bégon de Valzergues — dit M. le comte de Maussabré — ne s'explique que par les droits qu'il avait personnellement sur cette seigneurie du Guay du chef de Marie de Bridiers, son aïeule maternelle.

Ce Bégon d'Albin ne nous est pas autrement connu, et nous ignorons ce qu'il devint.

VIII. — JEAN D'ALBIN DE VALZERGUES, dit Jannicot et Génicot de Vallezergues, écuyer, seigneur du Guay, d'abord gentilhomme et homme d'armes de la Compagnie du maréchal de Brissac, il devint ensuite capitaine d'une compagnie dans son armée avec laquelle il prit part à la guerre en Piémont. Esprit aventureux comme beaucoup de ses contemporains, le capitaine Valzergues abandonna sa compagnie pour aller prendre du service dans les troupes de l'empereur Soliman.

Cette détermination ne semblait pas très étrange, car Brantôme en parle comme d'une chose assez fréquente parmi ces rudes capitaines des vieilles bandes françaises, habitués à guerroyer sans cesse, et auxquels la vie en temps de paix était insupportable.

Le maréchal de Brissac lui-même n'était pas autrement indigné de la conduite de plusieurs de ses compagnons, car il lui était difficile de modérer leur belliqueuse ardeur, et Brantôme le loue de n'avoir pas usé de rigueur envers le capitaine Vallesergues « qu'il aimoit et tenoit pour bon capitaine », et il blâme, au contraire, « les resveurs » qui poussaient le maréchal à sévir.

« J'ai ouy conter qu'en Piedmont, dit Brantôme, du temps de mareschal de Brissac, y eut un capitaine, qui se nommoit le capitaine Vallesergues, qui servoit le Grand-Seigneur, Sultan Solyman, et estoit à ses gages et solde de guerre. Il vint par deux fois en Piedmont, et faisoit ce qu'il pouvoit pour gaigner des gens pour mener par de là. La première fois, il y mena six braves soldats et un capitaine, et les desbaucha ; et si avoit desbauché mon frère le capitaine Bourdeille, qui estoit fort jeune, et tout luy estoit de guerre. Mais la guerre de Parme survint, où il ayma mieux aller. La seconde fois, (le capitaine Valzergues) retourna, et emmena autres dix bons soldats, ayant du Grand-Seigneur force argent pour les gaigner, et faisoit son cas secret. Mais M. le Mareschal en eut le vent, qui luy deffendit de n'y retourner plus, car il luy faschoit de perdre ainsy ses bons soldats ; car là volontiers gens de bas cœur n'entreprennent tels voyages. Et, sans que ledict mareschal aymoit ledict capitaine Vallesergues, et le tenoit pour bon capitaine, et aussy qu'il sçavoit que c'estoit que du monde, et qu'il falloit que le Français ne perdit point sa coustume d'estre advantureux, il luy eust faict mauvais party, ainsy que plusieurs resveurs luy conseilloient (1) ».

(1) Brantôme, *OEuvres.* — Edition Buchon, t. i, p. 606 et suiv.
Le capitaine Jean de Bourdeille, l'ami et compagnon de Jean d'Albin de Valzergues, était né vers 1526. Il alla en Piémont à l'âge de dix-huit ans, sous les ordres du prince de Melphe, commandant pour le Roi (remplacé en 1550 par le maréchal de Brissac). Il va au siège de Metz, puis à celui d'Hesdin au mois de juillet 1553. C'est à ce dernier siège, nous apprend son frère Brantôme, « qu'un boulet de canon lui emporta la tête et le bras comme il avait le verre à la main en buvant ». Il n'avait que vingt-six à vingt-sept ans. Un mois auparavant, il avait fait son testament à Paris (29 juin 1553), en faveur de sa sœur l'Abbesse de Limoges. L'ardeur guerrière du jeune âge s'alliait à l'esprit d'une sage prévoyance.

Brantôme cite plusieurs exemples de ces désertions en pays étrangers, entre autres celui de ce soldat originaire du comté d'Armagnac, devenu bacha au royaume de Chypre ; et d'après Froissart, un chevalier de Picardie, de la maison de Heilly, un gentilhomme de Tournay, nommé Jacques du Fay, qui servait dans l'armée de Tamerlan. Puis encore, le baron de la Faye et le chevalier de Poitrincourt à Constantinople. Il nomme aussi les gens de guerre passés au service de l'Italie et de Naples, dont quelques-uns sortis de la maison de Bourdeille. Enfin, il termine par l'histoire de Barberousse, roi d'Alger, « que les anciennes bonnes et vieilles gens de Xainctonge asseuroient être issu de la maison d'Authon ». Brantôme ajoute cependant, ne voulant pas entièrement justifier de tels renégats : « je croy qu'il (Barberousse) avoit honte de quoy il avoit quitté sa foy et sa religion » et que c'est pour cela que « le roi d'Alger » ne se découvrit jamais aux Français qu'il eut si souvent l'occasion de rencontrer, notamment quand il vint en France après la prise de Nice.

A quelle époque Jean d'Albin de Valzergues alla-t-il en Turquie, au service de Soliman ? C'est ce que l'on ne saura probablement jamais ; pas plus que l'époque de sa mort. Après trois siècles et demi d'oubli, il n'est guère possible de songer à retrouver les traces précises de ces singulières aventures qui tiennent plutôt de la légende et du roman.

Jean d'Albin de Valzergues, avait épousé, 1°, le 5 octobre 1559, GILBERTE DE BRIDIERS, (suivant d'anciens mémoires conservés dans les archives de M. le comte de Maussabré). Elle était fille et héritière de feu Jacques de Bridiers, seigneur du Guay, près Sainte-Sévère, et du Virollant, près La Châtre, en Berry, et de Juliette de Baillou, et se trouvait cousine issue de germaine de son mari, comme issus l'un et l'autre, au troisième degré, de François de Bridiers seigneur du Guay, marié en 1464 à Antoinette de la Faye.

La maison de Bridiers prenait son nom de l'ancienne vicomté de Bridiers située près de la Souterraine (Creuse). « C'est une des plus anciennes et des plus considérables de la province de la Marche, où son existence se constate dès le commencement du XIe siècle par de nombreuses chartes fournies la plupart par le Cartulaire de Bénévent » (1). Elle a donné trois chevaliers de l'ordre de Saint-Michel plusieurs chevaliers et commandeurs de l'ordre de Malte, des chambellans et gentilshommes de la chambre du Roi, etc. Parmi ses alliances, directes, nous citons celles avec les maisons de Foucaut-Saint-Germain, Faulcon de Saint-Pardoux, de la Celle, de Gontaut, de la Vallette, de Barthon de Montbas, de Barbançois, de Naillac, Pot de Piégu, de Montmorency, de Salignac, de Saint-Julien, de Menou, de Maussabré, de Crevant, de Chamborant, etc. Gilberte de Bridiers était nièce d'Antoine de Bridiers, marié à Marguerite de Crevant, fille de Jean et de Catherine de la Jaille.

Juliette de Baillou, mère de Mme de Valzergues, était sœur de Jeanne de Baillou, mariée en 1526 à Louis de Maussabré, seigneur de la Sabardière, et fille de Lionnet de Baillou, seigneur de Lallemandière et de la Forest, et de Catherine de Fougières (2).

---

(1) La Thaumassière : Liv. XI, p. 848 ; Nadaud et Lecler, *Nobiliaire du Limousin*, t. I, p. 623. C'était aussi l'une des familles dont le nom populaire, comme ceux de La Celle et Montbas, rappellait, disait-on, le harnachement d'un cheval : bride, selle et bât : dicton mnémotechnique pour les mieux rappeler parmi les principales.

(2) Louis de Maussabré eut de Jeanne de Baillou : 1° Claude de Maussabré marié en 1554 à Marguerite de Barbançois, cousine germaine de Jean d'Albin de Valzergues ; 2° François de Maussabré, seigneur de . Villablin, qui épousa, vers 1576, Edmée de Maulmont, belle-fille du

La famille de Baillou, dit M. Carré de Busserolle, dans son *Armorial de Touraine*, est originaire de Flandre ; elle s'est établie en Touraine en 1350, et posséda plusieurs fiefs relevant de la Haye et de Montrésor. Paul-Alexandre de Baillou, capitaine de cavalerie, comparut, en 1789, à l'Assemblée électorale de la Noblesse de Paris.

Armes : *d'or, à trois hures de sanglier de gueules, 2 et 1.*

La famille de Fougières, seigneurs de Chambon, près de Reuilly, portait : *d'or, au chef emmanché de gueules* ; et la maison de Bridiers : *d'or, à la bande de gueules.* Vers 1480, Philippe de Bridiers, seigneur de Fournoux, ayant fait le voyage de Jérusalem « avec soixante hommes de suite », augmenta ses armes en chef d'une croix de Jérusalem.

Jean d'Albin de Valzergues se remaria, le 12 août 1578, avec FRANÇOISE DE JABAULT, fille d'Antoine, écuyer, seigneur de l'Age-Aubert, et de Françoise de Saint-Julien. Elle était veuve 1º de Gaspard de Saulzet, écuyer, seigneur de Saulzet dans la Marche ; 2º et de Louis de Maulmont, écuyer, seigneur du Bost. Elle avait eu de ce dernier mariage trois enfants: René de Maulmont, marié à Claude de Valzergues ; Jean de Maulmont, mari de Silvaine de Valzergues, Edmée de Maulmont, qui fut la seconde femme, vers 1575, de François de Maussabré, seigneur de Villablin, cousin-germain dudit Jean de Valzergues, et se remaria en 1579 avec Pierre de Rechignevoisin. De sa première alliance est issue la branche des Maussabré de Villablin (1).

dit Jean de Valzergues. Des liens étroits et multiples unissaient toutes ces familles à celle d'Albin et l'attachaient ainsi au Berry, sa patrie d'adoption.

(1) Note du comte de Maussabré ; — Voir aussi La Chenaye-Desbois : *Généalogies de Maulmont et de Maussabré* : et *Annuaire de la Noblesse,* année 1899.

La Chenaye-Desbois dit qu'Annet de Maulmont épousa N. de Jabaud ; il a peut-être confondu avec Louis de Maulmont, mari de Françoise de Jabault.

(200 + 10 v.)   11

Françoise de Saint-Julien, belle-mère de Jean d'Albin de Valzergues, appartenait à cette maison des anciens barons de Saint-Julien qui, selon le dicton que nous avons rapporté à propos des Saint-George, ne le cédaient en rien, comme ceux-ci, aux Ventadour, Pompadour, Bonneval et des Cars; ils avaient, en effet, une illustre origine, car cette antique baronne de Saint-Julien fut l'apanage d'Amélius III, fils puîné d'Amélius II, prince de Combrailles.

De son premier mariage avec Gilberte de Bridiers, Jean d'Albin de Valzergues eut un fils et deux filles :

1º Gilbert d'Albin de Valzergues, qui suit ;

2º Charlotte d'Albin de Valzergues, dame de Peud'hun, que nous trouvons, en 1584, mariée à Guy d'Arnac, écuyer, seigneur de Beauregard, près Montmorillon, homme d'armes de la compagnie du duc de Bourbon-Condé en 1575. La famille d'Arnac était connue en Poitou, dans la Marche et le Berry, dès le XIIIᵉ siècle, dit M. de Maussabré, et portait pour armes : *de gueules, à sept annelets d'or, 3, 3 et 1* (1).

3º Claude d'Albin de Valzergues, dame de Virollant, mariée, le 12 août 1578, à René de Maulmont, seigneur du Bost, fils de feu Louis de Maulmont et de Françoise de Jabault (seconde femme, comme nous l'avons dit, de Jean de Valzergues).

Nous n'avons pas besoin de rappeler l'antiquité et les services de la maison de Maulmont ou Maumont, dont la généalogie détaillée se trouve dans La Chenaye-Desbois et la nouvelle édition du Nobiliaire du Limousin de Nadaud et Lecler, et qui ne comptait pas moins de quatorze à quinze branches (2).

---

(1) B.-Filleau, *Dictionnaire des Familles du Poitou.*

(2) Plusieurs de ces branches adoptèrent des armoiries différentes ; celles des seigneurs du Bost, à laquelle appartenait le mari de Claude

Elle prenait son nom de la ville et châtellenie de Maulmont (de *Malo Monte*), près de Châlus en Limousin. La filiation suivie commence à Ebrard de Maulmont vivant à la fin du XIe siècle. La maison de Maulmont a donné, à l'Eglise, plusieurs évêques et abbés d'abbayes importantes ; aux armes, quantité de chevaliers, et à l'ordre de Saint-Jean de Jérusalem des chevaliers et commandeurs.

Parmi les alliances directes contractées par la maison de Maulmont, nous citerons seulement celles avec les d'Aubusson, Bonneval, Bourdeille, de Brosse, Chabanais, Clermont, Comborn, Cosnac, Culant, Fayolle, Gain Montagnac, Gimel, Jaucourt, Lambertye, Lénoncourt, Levis, Malemort, Mathas, Montberon, Montboissier, Motier La Fayette, Noailles, Parthenay-L'Archevêque, Pierrebufière, Pompadour, du Puy du Fou, Rochechouart, Roffignac, Royère, Stuart d'Aubigny, Ravenel, Thouars, La Tour-Neuvillars, etc.

De cette alliance vint, entre autres enfants, Bégon de Maulmont, seigneur du Bost, de Virollant et de la Maisonneuve, qui, en 1612, épousa Claude de Montlieux, sa cousine, arrière-petite-fille de Pierre de Montlieux, seigneur de Thary, et de Geneviève d'Albin de Valzergues. L'aînée de leurs filles, Gabrielle de Maulmont, épousa en 1642, Jean de Bridiers, seigneur du Theil et des Thernes, et fut mère de Marie de Bridiers, dame des dites seigneuries qu'elle apporta en 1671, à son mari Jean Bertrand, chevalier, seigneur de Beaumont, d'où François Bertrand de Beaumont, chevalier de Malte, page du Grand-Maître, et Germain Bertrand de Beaumont, allié en 1708 à Jeanne Claire Chauvelin de Richemont, et père de Claude de

d'Albin de Valzergues, étaient : *d'azur à la croix alésée d'or ;* d'autres portaient : *d'azur, au sautoir engreslé d'or, accompagné de 4 tours bastillées d'argent.*

Bertrand, marquis de Beaumont, chevalier de Saint-Louis, de qui sont issus : Mmes la comtesse de Termont, la vicomtesse de Maussabré et Mme de Beaufranchet dont postérité, et Henri de Bertrand de Beaumont, chanoine de Brioude et de Lyon.

De son second mariage avec Françoise de Jabault, Jean de Valzergues n'eut qu'un fils, BÉGON D'ALBIN, dit Bigot de Valzergues, auteur de la branche des seigneurs de la Chassaigne, et une fille :

ANNE D'ALBIN DE VALZERGUES, mariée, par contrat du 27 juin 1595, à GASPARD THIBAUDIN, écuyer, seigneur de la Vaupillière et du Mont, près Sainte-Sévère, dont un fils, mort sans enfants, et trois filles, l'une femme de Balthazar de Vérines, seigneur de Saint-Martin, et la seconde mariée à Jacques de Brandon, seigneur de Gouttières, et la troisième, à Charles de Lavard, seigneur de Lestang. Anne d'Albin testa le 2 octobre 1651, étant veuve à cette époque.

VIII. — GILBERT D'ALBIN DE VALZERGUES, qualifié écuyer, seigneur du Guay, paroisse de Crevant, en 1596 et 1603 ; il avait épousé, vers 1580, CATHERINE DE VIGNOLLES, fille de Jean de Vignolles, chevalier, seigneur de la Grange d'Arcenay, de Pouligny, de Saint-Georges en Berry, guidon de la compagnie d'hommes d'armes du duc de Montpensier, et d'Andrée Barbarin, dame de Beuvron.

Cette famille de Vignolles, éteinte, se disait issue des barons de Vignolles en Languedoc, de même qu'Etienne de Vignolles, dit La Hire, l'un des principaux capitaines du roi Charles VIII, dans ses guerres contre les Anglais, surnommé le Prince d'honneur, et l'un des plus vaillants compagnons de Jeanne d'Arc. Il eut l'honneur d'être rangé parmi les preux célèbres que les cartes à jouer ont rendus populaires ; et, par un singulier contraste, le mélancolique valet de cœur représente le fougueux La Hire, et on en a fait l'écuyer du valeureux Charlemagne et de l'intrépide Judith.

« La famille de Catherine de Vignolles, dit M. de Maussabré, a possédé les seigneuries de Pouligny, des Ternes, de la Grange-d'Arcenay, de la Barre, de l'Estang, de Besses, de Saint-Georges, de Losmoy, des Courauds, etc. Les principales alliances sont avec les maisons de Rochedragon, de Fleury, Amblard de Morlac, de Bertrand Beaumont, de Ceris, de Breschard, Savary de Lancosme, de Barbarin, d'Aiguirande, de Beauverger, de Thianges, de Moussy, de Murat, de Saint-Maur, de La Cour, du Mesnil-Simon, etc. La filiation suivie commence à la fin du XV⁰ siècle. »

Armes : *d'argent, au cep de vigne de sinople, fruité de trois raisins de sable, et soutenu d'un échalas du même.*

De son alliance avec Catherine de Vignolles, Gilbert d'Albin de Valzerques laissa :

1° GILBERT D'ALBIN DE VALZERGUES, qui suit ; 2° et peut-être GASPARD D'ALBIN DE VALZERGUES, que nous voyons figurer comme cousin, dans le contrat de mariage de Marie Bertrand de Beuvron, fille de Georges Bertrand, seigneur de Béuvron, et de Charlotte de Vignolles, avec Gilbert de Buchepot, seigneur de Fromentau et de Fougerole, (contrat original du 22 juin 1609) (1), c'est probablement le chevalier de Malte inscrit sur les listes de l'ordre à la date de 1602 sous le nom de GASPARD OU GIRARD D'ALBONS DE VAUSERGUES.

Il est possible même que l'on ait, par mégarde, réuni deux chevaliers en un seul. Les listes primitives pouvaient bien avoir nommé deux chevaliers de la même fa-

______
(1) L. de la Roque, *Catalogue des Chevaliers de Malte,*

mille sous une seule date, ainsi qu'on le voit dans la longue nomenclature des chevaliers appartenant aux maisons de Villeneuve et de Castellane, et avoir écrit : Gaspard *et* Girard et non pas Gaspard *ou* Girard. Il y a trop de différence entre ces deux prénoms pour causer la moindre hésitation, Gaspard d'Albin de Valzergues, présumé fils de Gilbert d'Albin et de Catherine de Vignolles, aurait été ainsi confondu avec Gérard ou Girard d'Albin dont nous avons déjà parlé (page 48.)

3° Et peut-être aussi : Diane d'Albin de Valzergues, mariée, en 1625, à Louis de Bigu, écuyer, seigneur de Chéry.

IX. — GILBERT d'ALBIN de VALZERGUES, 2ᵐᵉ du nom, écuyer, seigneur du Guay, de Peud'hun en partie, en 1608, de la Grange d'Arcenay, habitait au château du Guay en 1620, et vivait encore en 1630.

On n'a pas d'autres indications sur lui : il mourut sans doute sans alliance, ou du moins sans postérité, car nous voyons la seigneurie du Guay en la possession de Diane d'Albin de Valzergues, mariée à Louis de Bigu, écuyer seigneur de Chéry, laquelle Diane était sœur ou fille dudit Gilbert d'Albin de Valzergues.

Leur postérité a possédé Le Guay, Peud'hun et la Grange-d'Arcenay, dit M. de Maussabré, qui ajoute : « La famille de Bigu était sans doute originaire du Bourbonnais où était situé le fief de Bigu qui lui a donné son nom. Elle remonte son origine au XVIᵉ siècle, et s'est distinguée par ses services militaires contre les Anglais. Ses principales alliances sont avec les familles du Magnoux, de Louan de Saint-Hilaire, des Escures, de Voisins, de Régnier, de Saulzet, de Villelume, de Neuchèze, de La Lande, du Vignau, etc. » Armes : *d'azur, au chevron d'or, chargé de trois coquilles du champ, et accompagné de trois fers de lance du second émail.*

X

BRANCHE DES SEIGNEURS DE LA CHASSAIGNE, EN BERRY.

IX. — BÉGON D'ALBIN DE VALZERGUES, dit Bigot de Valzergues, écuyer, seigneur de la Chassaigne, fils de Jean d'Albin de Valzergues et de Françoise de Jabault, nous est connu, d'abord par son mariage contracté le 11 juin 1594, (devant Tayon, notaire) avec LOUISE DU CREUZET, dame de la Chassaigne, fille et héritière de Balthazar du Creuzet, chevalier, seigneur de la Chassaigne, capitaine de Châteaumeillant, en Berry, et de Jacqueline de Portebédien ; puis par un acte d'aveu rendu, le 15 mars 1608, à la baronne de la Châtre, pour le fief de la Chassaigne.

Enfin, par les lettres qu'il obtint le 13 août 1613 « de Jean de la Tour Landry, comte de Châteauroux, seigneur de Vic-sur-Saint-Chartier, par lesquelles le dit seigneur lui permet de fortifier son château de la Chassaigne en la paroisse de Vicq, et d'y faire murailles, avec toute forteresse, fossés, pont-levis, faire bastir et construire colombier à pied, garenne à connils (1). »

Il vivait encore en 1620.

Du mariage de Bégon d'Albin de Valzergues avec Louise du Creuzet, dame de la Chassaigne, vinrent deux ou trois enfants :

1° ANNET D'ALBIN DE VALZERGUES, qui suit :

2° JEAN D'ALBIN DE VALZERGUES, lequel ne nous est connu que par sa présence, le 24 février 1631, au contrat de mariage de son frère Annet avec Marie de Bethoulat.

---

(1) Notes de M. le comte de Maussabré. — La Chassaigne était dans la paroisse de Vicq-Saint-Chartier, près de Nohant-Vicq, arrondissement de la Châtre (Indre).

3° Probablement Balthazar d'Albin de Valzergues, chevalier de l'Ordre de Saint-Jean-de-Jérusalem, qui se trouvait à Malte en 1631.

C'est, en effet, ici que l'on peut placer ce Balthazar d'Albin, chevalier de Malte, que nous voyons assister, le dimanche 31 mai 1631, au chapitre général de l'ordre, tenu par le Grand-Maître Antoine de Paule, chapitre dont le détail est donné par Vertot dans son *Histoire de l'Ordre de Malte* (t. v, p. 181).

Frère Balthazar d'Albin est l'un des seize compagnons du Grand-Maître choisis dans chacune des huit langues dudit Ordre.

Balthazar d'Albin représentait, avec le Frère Foucauld de Sainte-Aulaire, la langue d'Auvergne.

Son prénom de Balthazar peut justement faire supposer qu'il était fils de Bégon d'Albin de Valzergues, seigneur du Guay, marié, le 11 juin 1594, à Louise du Creuzet, car celle-ci était fille et héritière de Balthazar du Creuzet ; tout semble prouver — ainsi que les dates — que le chevalier de Malte de 1631, du nom d'Albin, portait le prénom de son aïeul maternel.

X. — ANNET d'ALBIN de VALZERGUES, écuyer, seigneur de la Chassaigne, de la Font-Didier, de Conchin, etc.

Il fut maintenu dans sa noblesse par sentence rendue en l'élection de Bourges, le 26 mars 1634.

Il avait épousé, par contrat du 24 février 1631, Marie de Béthoulat, fille de Jean de Béthoulat, écuyer, seigneur de Ranchoux, et de Marguerite Bertrand du Lys-Saint-Georges, celle-ci, fille de Gilbert Bertrand, chevalier, et de Louise de Barbançois de Sarzay.

Marie de Béthoulat se trouvait ainsi parente de son mari, Annet d'Albin de Valzergues, par son aïeule, Louise de Barbançois, petite-fille d'Hélion dont nous avons parlé à propos de son fameux combat en champ clos. Charles de Barbançois, le bisaïeul de Marie de Béthoulat, s'était également signalé, comme son père, dans plusieurs combats singuliers.

Mme de Valzergues était parente d'André de Béthoulat, bien connu sous le nom de comte de la Vauguyon, qui fut ambassadeur en Danemark et en Espagne, conseiller d'Etat et chevalier des ordres du Roi en 1688.

Saint-Simon trace de ce personnage un portrait peu flatteur, et lui reproche surtout son peu de naissance.

« La Vauguyon, dit-il, était un des plus petits et des plus pauvres gentilshommes de France. Son nom était Béthoulat, et il porta le nom de Fromenteau. Au scandale de la Cour, le Roi le fit chevalier de l'ordre en 1688. Vingt ans auparavant, il avait épousé la fille de Saint-Mégrin, veuve de M. du Broutay, du nom de Quelen. Par ce mariage, Fromenteau s'était seigneurifié et avait pris le nom de comte de la Vauguyon.. etc. »

Béthoulat n'est pas un nom de consonance élégante, c'est certain ; mais combien d'autres noms devenus historiques paraissent encore bizarres à l'oreille des ignorants qui les entendent prononcer pour la première fois. Broglio, Créqui, Bouillon même, ne disent rien aux gens qui ne connaissent pas plus nos anciens maréchaux de France que les rois de Jérusalem : le nom d'un illustre guerrier, terrible adversaire des Anglais, le maréchal Bousicaut, ne réveille aux modernes Parisiens que l'idée des succès du *Bon Marché*. Voilà à quoi tient la gloire ! (1)

Saint-Simon parle donc comme le vulgaire, nullement

(1) Le duc de Créqui disait à Chamfort que les noms ne signifiaient rien : « Faites vous annoncer Monsieur Criquet, répondit celui-ci, et vous verrez la différence. »

obligé de connaître l'histoire de la Noblesse ; cela ne lui était pas permis : mais il jugeait les familles d'après ses étroites préventions de courtisan. Ce qui l'offusquait surtout le plus, c'était de voir le comte de la Vauguyon porter comme lui le cordon bleu du Saint-Esprit.

La Thaumassière, dans son histoire du Berry, publiée en 1689, nous donne un aperçu de la généalogie de la famille de Béthoulat dont les armes étaient : *de gueules, au chevron d'argent, accompagné de trois soucis d'or 2 et 1* (1).

La filiation de cette famille est établie depuis Amadour de Béthoulat, seigneur de Fougerolles et de Ranchoux, vivant au milieu du XVe siècle : son petit-fils, Sébastien de Béthoulat de Ranchoux, était reçu chevalier de Malte, le 10 novembre 1586, avec d'autres chevaliers, Gabriel et Gilbert le Groing, Pierre de Bar de Buranlure, François de Damas d'Anlezy, François de la Roche Chamblas et Onésime de Vy-Malubois. Le 12 août 1603, Anne de Béthoulat de La Grange Fromenteau était reçu chevalier du même ordre avec Raymond de Foudras, Bertrand d'Albin, Pierre de Saint-Julien, Bernard de la Rochedragon, François de Frédeville et Philippe de Chevron la Villette (de Savoie); et cinquante ans plus tard, Henri de Béthoulat était également reçu à Malte, le 29 décembre 1654, avec Jacques de Lormes de Pagnac, Balthasar de Dienne Chavagnac, Antoine de Pons-La-Grange, Joseph de Capriol (de Savoie), Laurent de Gentils-Lussenay, François d'Anteroche, Jean de la Rochedragon et Marin de Fay-la-Tour-Maubourg (2).

Edme de Béthoulat, seigneur de la Perrière, était l'un des cent-gentilshommes de la maison du Roi, et épousait, le 5 mai 1591, Jeanne de la Chapelle. On voit par ces

(1) La Thaumassière, livre XII, p. 1026.
(2) Vertot, *Liste des chevaliers de la Langue d'Auvergne.*

quelques citations que les membres de la famille de Béthoulat s'étaient déjà depuis longtemps trouvés en compagnie de gentilshommes d'aussi bonne maison que les Rouvroy de Saint-Simon qui, à la même époque, n'étaient guère au-dessus de tous ces nobles chevaliers de Saint-Jean de Jérusalem que nous avons tenu à nommer avec Sébastien, Anne et Henri de Béthoulat.

Terminons cette digression sur le nom de Béthoulat, en disant que le comte de la Vauguyon (André de Béthoulat), était fils de René de Béthoulat, écuyer, seigneur de la Grange Fromenteau et de la Pétitière, aide des maréchaux de camp des armées de Roi, et lieutenant-général de Sa Majesté dans les îles de l'Amérique, et de Marie Le Jumeau. Il avait épousé le 15 janvier 1668, Marie Stuart de Caussade, comtesse de la Vauguyon, princesse de Carency, marquise de Saint-Mégrin, veuve de Barthélemy de Quelen, comte du Broutay. Le comte de la Vauguyon n'eut pas d'enfants. Il est mort le 29 novembre 1693, dans d'assez tristes conditions que Saint-Simon n'omet pas de rapporter.

Annet d'Albin de Valzergues n'existait plus en 1646, époque à laquelle Marie de Béthoulat, sa veuve, assistait au mariage de Marie de Razay, sa filleule, (fille de Pierre de Razay et d'Isabeau Gigault de Bellefonds) avec Louis de Maussabré, son parent, petit-fils de Claude de Maussabré et de Marguerite de Barbançois.

Annet d'Albin de Valzergues ne laissa qu'un fils de son premier mariage avec Marie de Béthoulat ; Marc d'Albin de Valzergues qui continue la filiation.

XI. — MARC d'ALBIN de VALZERGUES, écuyer, seigneur de la Chassaigne, de Font-Didier, etc.

Il épousa (par contrat reçu Bort, notaire) le 10 septembre

1662, Eléonore de Chambort, fille de Philippe de Chambort, écuyer, seigneur de Verrières, et de Pernelle de Renaud de Chaudieu.

De son mariage avec Eléonore de Chambort, Marc d'Albin de Valzergues laissa trois enfants :

1° Gilbert d'Albin de Valzergues, qui suit ;

2° Anne d'Albin de Valzergues, mariée à son cousin, Sylvain de Cribleau, écuyer, seigneur du Magnoux, dont elle n'eut pas d'enfants.

Il était fils de Charles de Cribleau et de Sylvaine de Maulmont.

Mme de Cribleau fit enregistrer ses armoiries en 1698, en même temps que son frère Gilbert d'Albin.

La famille de Cribleau portait : *Parti de sable et d'argent, au lion naissant de l'un en l'autre, accompagné de 8 molettes en orle de l'un en l'autre.*

3° Anne d'Albin de Valzergues, dite la jeune, pour la distinguer de sa sœur du même prénom, mourut sans alliance le 17 avril 1740, âgée de soixante-dix ans, après avoir hérité de ses frères et sœurs. Elle avait rendu hommage, le 8 août 1733, à la dame de Vicq-Saint-Chartier, pour le fief de la Chassaigne, « dont le Chastel noble était composé d'un grand corps de logis ou pavillon, avec plusieurs chambres, basses et hautes, une chapelle en entrant au bout du pont-levis ; le tout renfermé de fossés, garenne, colombier, etc. » Melle de Valzergues transmit le château de la Chassaigne à M^elles de Mareschal de Franchesse, ses cousines germaines, comme étant filles de Charlotte de Chambord, sœur de sa mère Eléonore de Chambord, et de Louis de Mareschal, écuyer, seigneur de Franchesse (1).

(1) Notes de M. le comte de Maussabré.
La famille Mareschal est l'une plus ancienne du Bourbonnais. Elle

XII. GILBERT D'ALBIN DE VALZERGUES, 3ᵐᵉ du nom, Ecuyer, seigneur de la Chassaigne et autres lieux, Capitaine au régiment de Languedoc, baptisé en la paroisse de Crevant, près la Châtre en Berry, le 16 août 1664.

En 1698, il fit enregristrer ses Armoiries dans l'*Armorial de la Généralité de Bourges* ainsi qu'il suit : Ecartelé : au 1 et 4, *de sable, au lion d'or* ; au 2 et 3, d'argent, *à trois tourteaux de gueules.*

Gilbert d'Albin de Valzergues mourut en 1731, et eut pour héritière Anne d'Albin, la jeune, sa sœur. En lui et ses deux sœurs s'éteignirent les branches du Berry ; car nous ne savons à quelle branche appartenait FRANÇOIS D'ALBIN, qualifié seigneur de la Vallière, marié vers 1710, à CÉCILE DE CRÉATO, fille de François de Créato, seigneur de Calzins, et d'Hélix de Morlhon, d'une famille noble du Rouergne, portant pour armes : *d'argent, à trois crêtes de coq de gueules* (1). Ce François d'Albin pourrait, à la rigueur, être le même que François d'Albin, seigneur de Naussac, marié à Marie de Volvire Ruffec, et qui aurait ainsi contracté deux alliances : mais nous n'en avons pas la preuve.

XI

VI. — LOUIS D'ALBIN DE VALZERGUES DE CERÉ, chevalier, seigneur de Ceré, baron du Chastellier, seigneur de Paray, du Coudray d'Arciou, des Granges de

est connue depuis Guillaume, Mareschal damoiseau, seigneur de Cressanges, vivant en 1310. Ses descendants ont donné neuf chevaliers à l'ordre de Malte. Le vicomte Henri de Maussabré a épousé le 8 juillet 1897, Mˡˡᵉ Léonide de Mareschal, fille de Léon et de Mˡˡᵉ de Seguins-Pazzis.

(1) H. de Barrau : *Doc. sur les Familles du Rouergue*, t. IV, p. 40.

Sévolle, de Villeneuve, etc, fils aîné de Bégon d'Albin de Valzergues et de Jeanne de Ceré, lieutenant général de l'artillerie de France, et l'un des lieutenants du maréchal de Montluc en Italie.

Avant de parler des guerres auxquelles il prit part, nous dirons qu'il fit hommage de la terre et justice du Chastellier en Touraine, le 30 janvier 1547 (F. Gaignières : vol. 678, p. 318). On le trouve encore dans des actes de 1549 et 1556 comme seigneur de Ceré, et dans une transaction passée entre lui et Maurice de Loubes, prieur de Saint-Genitour-du-Blanc, le 1er avril 1558. Il n'existait plus le 8 mars 1559, époque du mariage de sa fille Louise d'Albin de Valzergues avec Charles de Bremond, baron d'Ars, ni même le 22 janvier précédent, puisqu'à cette date ce fut Renée de Chabanais, sa femme, qui, au nom de Louis d'Albin, mineur, son fils aîné, faisait aveu de la dite seigneurie du Chastellier.

Louis de Valzergues dût servir très jeune et ce fut l'arme de l'artillerie qu'il choisit de préférence. Les Commentaires seuls du maréchal de Montluc nous donnent quelques renseignements à son sujet, et nous ne citerons que les passages où est le nom de Valzergues, écrit Balazergues, selon la prononciation gasconne. Il en est fait mention pour la première fois au siège de Cortemiglia sur la Bormida en Piémont où l'artillerie dirigée par les deux commissaires Valzergues et Duno eut beaucoup de succès contre cette place forte. Montluc, dans une reconnaissance, découvrit un passage pour les canons et délibéra avec ces deux chefs sur la marche à suivre et décida le maréchal de Brissac à l'accompagner dans une reconnaissance nouvelle, où même ils coururent le plus grand danger : son avis, d'abord combattu, fut adopté, et la capitulation de Don Diégo, gouverneur de la ville, fut le résultat des habiles manœuvres des assiégeants. De Thou a parfaitement résumé le récit de ce siège.

Nous renvoyons le lecteur aux mémoires de Montluc' qui, à cette occasion, commente longuement les opérations de ce siège de Cortemiglia, après avoir décrit la discussion qu'il avait eue avec le maréchal de Brissac et même avec M. de Duno ; et relate ensuite toutes les péripéties de cette attaque si hardiment combinée. Il fallait arriver aux fortifications du côté de l'eau, et la marche avait lieu la nuit. « Déjà, dit Montluc, le capitaine Richelieu avait pris de l'avance. M. de Bonnivet et moy nous accompaignasmes Balazergues, qui amenoit trois canons avecque chevaulx ; car M. le mareschal en avoit récement peuz en amener six pièces : et allasmes à cheval plus de vingt pas dans la rivière avec le canon, comme fist aussi M. de Balazergues et les charretiers, en eaue jusques au-dessus de la braye. Puis nous tournasmes descendre derrière l'Abbaye, et nous en allasmes dans la ville.

« Et encore que les ennemis tirassent très fort, ils ne pouvoient rien voir, à cause de la grande obscurité de la nuict, et tiroient à coup perdu et à la fortune, laquelle nous rit pour lors. Elle ne finit pas toujours ainsi, au moingz à moy. Il y en a de si heureux, que jamais le coup ne porte. Ce brave cavalier, M. de Sansac (je croy qu'il n'y a pas deux gentilshommes vivans qui se soient trouvés en plus de combatz que nous avons faict, luy et moy) jamais il ne feust blessé, qu'on sache, qu'à la bataille de Saint-Denis. Je n'ay pas esté si heureux en cela que luy.

« Et comme nous arrivasmes au lieu où Tays étoit, trouvasmes déjà la muraille ouverte et dans l'eau ; puis fismes rompre aux pionniers deux cantons de maisons qui empeschoient de passer le canon, lequel tout incontinent arriva à la muraille, par où les chevaulx entroient dans la ville ; et, avecques l'ayde que les soldatz firent, nous mismes le canon dedans, et après, Balazergues s'en 'retourna sercher les autres deux (canons), et de mesmes les menasmes là où M. de Duno avoit remplis les tonneaux ; et deux heures devant jour, tout fust prest à tirer. »

Le siège de Cortemiglia avait eu lieu au mois de juin 1553.

En 1555, Montluc était encore en Piémont. Il nous décrit le siège de Vulpian (Vulpiano) qui eut lieu au mois de septembre.

Montluc et le duc d'Aumale, après la reconnaissance de la ville assiégée, prirent d'abord le bastion et donnèrent ensuite l'assaut général qui fut suivi de la capitulation de la place. Nous transcrivons la page des Commentaires de Montluc où il est question de Louis de Valzergues.

« M. d'Aumale avoit pour lors pour Commissaires de l'artillerie Duno et Balazergues, qui firent commencer les trenchées à plus de cinq cents pas de la ville, et trouvèrent que la terre estoit pleine de petits cailloux, que cent hommes n'eussent pas faict en ung jour vingt pas de trenchée, et amusèrent deux jours ledit seigneur en ceste besongne. J'estois fort malcontent que nous ne faizions ce que je voulais. Et à la fin, M. d'Aumale se resoleust de voir luy-mesme ce que je luy conseillais de faire ; et allasmes, à une heure de nuict, par le costé du coing de la ville, à main gauche, et pas armés, à une petite chappelle qu'estoit à quinze ou vingt pas de la contre-escarpe, et il ne menna hommes du monde avecques luy que moy et Fequières, que depuis, à ce que j'ay entendu, a tourné le visage à la maison de Guize, combien que le dict seigneur lui faizoit tant d'honneur ou plus qu'à gentilhomme qui feust près de luy... »

Montluc et son compagnon mesurèrent combien il fallait couper de la contre-escarpe pour placer l'artillerie sur le bord du fossé, et aussi pour voir si le recul du canon serait vu « de la harquebuzerie des ennemis et nous aussi — ajoute-t-il — si nous logions contre la contre-escarpe »

« M. d'Aumale nous voulant permettre à M. de Caillac et moy, d'aller mener les prisonniers copper la contre-escarpe, et ordonna que Duno et Balazergues menne-roient l'artillerie auprès de nous, et fist fère une gabion-nière dans le pré, à quarante ou cinquante pas de la contre-escarpe pour mettre les poudres : et au poinct du jour, nous eusmes coppé la contre-escarpe, les canons mis en leur place pour tirer, que le bord du canon entroit dans le fossé... »

Le duc d'Aumale, dont il est ici parlé, était Claude de Lorraine, né en 1523, lieutenant du roi en Piémont, tué en 1573 au siège de la Rochelle.

Bonnivet qui figure au siège de Cortemiglia avec Louis d'Albin de Valzergues, était François Gouffier, seigneur de Bonnivet, colonel de l'infanterie française en Piémont, mort au mois de décembre 1556, d'une blessure reçue au siège de Vulpian. Il était fils de Guillaume Gouffier, ami-ral de France et favori de François Ier.

Quant à M. de Taix qui est nommé par Montluc au siège de Cortemiglia, c'était Jean de Taix, panetier de François Ier en 1529, chevalier de l'ordre du Roi, gouver-neur de Loches, et qui avait eu la charge de maître de l'artillerie après Galiot de Genouillac.

Il fut tué peu de temps après dans la tranchée du siège d'Hesdin, comme nous le dit Brantôme. Il eut pour successeur M. d'Estrées.

Nous ignorons à quelle date Louis d'Albin de Val-zergues fut pourvu de la charge de lieutenant général de l'artillerie de France. D'après le Père Daniel, « cette charge, quand elle subsistoit, étoit la seconde de l'artillerie, celui qui l'exerçoit, comme son titre le marque, commandoit l'artillerie en l'absence du grand-maitre. Elle fut toujours occupée par des personnes de naissance. »

On commence, sous Louis XI, à voir un officier avec ce titre : il se nommait Jean Barrabin, seigneur de Beauregard. Le Père Daniel ne nomme ensuite que Jean Babou de la Bourdaisière, le marquis de la Barre et le marquis de la Frézelière qui fut le dernier possesseur de cette charge supprimée en 1703 (1).

Le premier, Jean Babou, baron de Lagonne et de la Bourdaisière, ambassadeur à Rome, gouverneur de Touraine, etc., devint grand-maître après Jean d'Estrée en 1567 ; le marquis de la Barre était Henri de Chivré, lieutenant général de l'artillerie en 1632, tué au siège de Saint-Omer en 1638, laissant un fils âgé de seize ans auquel le Roi voulut réserver la charge de son père, ce qu'a ignoré le Père Daniel, comme il a ignoré les noms de plusieurs autres lieutenants-généraux de l'artillerie. Henri de Chivré, marquis de la Barre, qui succéda à son père, périt au siège de Maëstricht en 1675. Il avait épousé, en 1663, Marie Bodin, la petite-nièce de Louise de Saint-George, femme de Géraud d'Albin de Valzergues, comme nous l'avons dit, et dont la succession fut une source de longs procès.

Le marquis de la Frézelière, nommé par le Père Daniel, était François Frézeau, marquis de la Frézelière, maréchal de camp, nommé lieutenant général de l'artillerie en 1678, fils de Jacques et de Marguerite de Montmorency. Il est mort en 1702 (2).

(1) *Histoire de la Milice Françoise*, t. II, p. 528.

(2) Moréri et Lachenaye Desbois, *Généalogie Frézeau de la Frézelière.*

Le Père Daniel, avons-nous dit, n'a point connu tous les lieutenants généraux de l'artillerie : ainsi, nous voyons dans la généalogie de la famille Aymer de la Chevalerie, un René Aymer, gouverneur de la Bastille sous Henri IV, qualifié lieutenant-général de l'artillerie (1).

C'est parmi les pièces fugitives du marquis d'Aubais (t. III), que Louis d'Albin de Valzergues est dit lieutenant général de l'artillerie de France, dans le tableau des quartiers d'alliances du maréchal de Lautrec, l'un de ses descendants.

Les commissaires provinciaux de l'artillerie venaient après le lieutenant général, et se subdivisaient eux-mêmes en plusieurs grades, comme l'explique le Père Daniel.

Louis d'Albin de Valzergues étant cousin-germain d'Antoine d'Albin de Valzergues, sénéchal de Rouergue, très attaché, avons-nous vu, à Blaise de Montluc, avait dû naturellement, comme son parent, suivre la fortune du maréchal, et par conséquent l'accompagner, en 1545, dès le début des guerres en Piémont et en Italie, et prendre part aux différents sièges et combats qui précédèrent et suivirent le siège de Cortemiglia, entre autres, l'attaque de la place de Bene qui avait eu lieu peu de temps auparavant.

« Vers le commencement de juin 1553, — dit de Thou —, Ferdinand de Gonzague résolut d'assiéger Bene, place forte dans le pays des Langhes. Le comte de Bene qui étoit pour les François écrivit à Brissac qui étoit à Carmagnole, pour l'appeler à son secours. Blaise de Monluc fut donc envoyé au secours de cette place et obligea Gonzague à lever le siège. Peu de temps après Brissac mena ses troupes devant Cortemiglia. La rivière passe en travers

(1) B. Filleau, *Dictionnaire des Familles du Poitou.*

de la ville, etc... » Suivent les détails que nous connaissons.

A quelle époque Louis d'Albin de Valzergues revint-il d'Italie ? c'est ce que nous n'avons pu découvrir : il est probable encore qu'il ne se sépara pas de Montluc. Nous pourrions même supposer, sans trop nous avancer, qu'il périt dans quelque siège ou bataille ; car il ne vivait plus en 1559, et sa femme et son beau-père, Jean de Chabanais, avaient la garde et la tutelle de ses jeunes enfants. En tout cas, il était mort dans un âge peu avancé, s'étant marié fort jeune en 1541.

A moins qu'il ne soit revenu dans sa famille cette même année 1558, date de la paix conclue entre Henri II et Charles-Quint.

Louis d'Albin de Valzergues avait épousé, par contrat du 7 mars 1541, Renée de Chabanais, fille de Jean de Chabanais, chevalier, seigneur de Comporté-sur-Charente, gouverneur de la ville et du château de Cognac (des anciens princes de Chabanais de la première race) et de Florence de Saint-George-Vérac.

***

Le premier auteur connu est Abbon, surnommé *Cal Armal*, prince de Chabanais et de Confolens, vivant à la fin du IXe siècle, et qui était également possessionné en Poitou, aux environs de l'abbaye de Nouaillé, comme le prouve une donation qu'il fait à cette abbaye, en l'an 936, conjointement avec Dodane, son épouse, dont il eut au moins six enfants.

Jourdain, son fils aîné, fonda, vers 975, avec Dia, son épouse, la célèbre abbaye de Lesterps, fondation confirmée par Jourdain II et Jourdain III. Celui-ci, compagnon de Godefroy de Bouillon, assista à la prise de Jérusalem, et

où, suivant quelques chroniques, il y succomba à ses blessures. Son nom est inscrit à la Salle des Croisades, à Versailles. Aynard, son petit-fils, épousa la sœur de Foulques Taillefer, comte d'Angoulême.

Jourdain V, prince de Chabanais, ne laissa que deux filles de son alliance avec l'une des filles de Robert de Montgomery-Lancastre, comte de Bellesmes et d'Alençon. L'aînée, Amélie, transporte la principauté de Chabanais à Guillaume II, baron de Matha, petit-fils de Guillaume d'Angoulême. Son fils Jourdain VII, lui succéda (1).

Jourdain VIII Eschivat épouse en 1274, Alix de Montfort, petite-fille du célèbre Simon de Montfort. Jourdain IX, comte de Bigorre par héritage de son aïeule Pétronille de Cominges, meurt sans enfants de ses deux alliances : la première avec Mascarose de Lomagne, comtesse d'Armagnac et de Fezenzac, et la seconde contractée le 3 octobre 1256) avec Agnès de Foix, sœur d'Esclarmonde de Foix, épouse de Jacques d'Aragon, roi de Majorque.

La principauté de Chabanais passe alors à la sœur de Jourdain IX, Laure, mariée 1° à Raymond VI, vicomte de Turenne ; 2° (en 1304), à Simon, vicomte de Rochechouart, seigneur de Tonnay-Charente, sous la condition que leur second fils hériterait de la principauté de Chabanais et en porterait le nom.

Leur petit-fils, Jourdain X Eschivat, prince de Chabanais, meurt en laissant son héritage à sa sœur Jeanne de Rochechouart, épouse de Miles de Thouars, seigneur de Pouzauges.

Enfin, Catherine de Thouars, l'une de leurs descendantes,

(1) Les généalogistes donnent un deuxième fils à la princesse Amélie : Eschivat de Chabanais marié vers 1171, à Mathebrune, vicomtesse de Ventadour, veuve de Renaud V, vicomte d'Aubusson. Cet Eschivat de Chabanais serait l'auteur de l'illustre maison de Chabannes.

d'abord veuve de Gilles de Laval, le trop célèbre maréchal de Retz, porte, à son tour. la principauté de Chabanais, à son second mari, Jean de Vendôme, vidame de Chartres. C'était ainsi, depuis trois siècles, la cinquième transmission de la principauté de Chabanais.

François III de Vendôme, le dernier possesseur héréditaire de ce grand fief et mort sans postérité, le vendit à Joachim de Montesquiou qui le transmit à son frère le maréchal de Montluc.

Depuis, Chabanais passe successivement des Montluc aux familles d'Escoubleau de Sourdis et Colbert qui n'avaient, comme on le voit, rien de commun avec la lignée d'Abbon et de la princesse Dodane.

Mais, à côté des possesseurs de la principauté de Chabanais, se perpétua une branche collatérale, issue d'un des cinq fils d'Abbon et de Dodane, et apanagée de fiefs importants dans les environs de Chabanais et de Confolens, et conservant sans interruption le nom et les armes de leur race, armes brisées seulement d'un lambel de puîné.

La filiation en est bien établie et ses alliances sont en rapport avec son illustre origine.

Jean de Chabanais, gouverneur de Cognac, chevalier du Camail, écuyer du duc d'Orléans, chevalier, seigneur de Comporté-sur-Charente, trisaïeul de Renée de Chabanais, servait le roi contre les Anglais avec huit écuyers.

Sur une quittance du 8 janvier 1418, son sceau porte un écusson d'or à deux lions léopardés de gueules et un lambel à deux pendants de même. Un lion issant pour cimier ; et pour supports, un lion et un griffon.

Les armes des princes de Chabanais avaient ainsi une grande analogie avec celles des premiers vicomtes de Limoges *(d'or, à trois lions d'azur*, deux griffons pour supports) ce qui pourrait faire supposer une commune origine. — Aynard de Chabanais, son bisaïeul, épouse le 2 avril 1453, Marie de Lusignan-Saint-Gelais.

Quant à Florence de Saint-George, mère de Renée de Chabanais, nous avons déjà parlé de sa famille à propos de l'alliance de Géraud d'Albin de Valzergues avec Louise de Saint-George. Elle était fille de Guichard de Saint-George et d'Anne de Mortemer. Son bisaïeul, Olivier de Saint-George, avait épousé en 1404, Catherine de Rochechouart.

Cette alliance de Louis d'Albin de Valzergues ne faisait que resserrer les liens qui unissaient les familles du Poitou, du Limousin et du Berry à celle d'Albin. Florence de Saint-George se trouvait également parente de la mère de son gendre Louis d'Albin, Jeanne de Céré, petite-fille de Marie de Rochechouart, femme de Jean Faulcon de Thouron, seigneur de Saint-Pardoux, chambellan du roi François Ier.

*
* *

De son mariage avec Renée de Chabanais, Louis d'Albin de Valzergues eut sept enfants que nous établissons ainsi après avoir comparé les diverses généalogies qui ne les énumèrent pas dans le même ordre de naissance.

1° Louis d'Albin de Valzergues, mineur en 1558, est dit fils aîné de feu Louis d'Albin de Valzergues ; était mort sans postérité en 1573 ;

2° Louise d'Albin de Valzergues, qui suivra comme étant l'aînée de sa branche : ses frères n'ayant pas laissé de postérité.

3° Jacques d'Albin de Valzergues ; Il est dit fils et héritier de Louis d'Albin de Valzergues, seigneur du Chastellier, lorsqu'il rend foi et hommage de cette seigneurie du Chastellier, le 20 juillet 1573, après la mort de son frère aîné Louis d'Albin. Il mourut sans alliance en 1579.

4° Pierre *alias* René d'Albin de Valzergues, auquel nous consacrons une notice particulière que son étendue ne permet pas d'intercaler ici, mais après avoir nommé tous ses frères et sœurs.

5° Marie d'Albin de Valzergues. Elle eut en partage la seigneurie de Sevolle, et plus tard celle de Céré, qu'elle hérita de son frère, tué au siège de Brouage en 1577. Elle épousa Guillaume de Ravenel, écuyer, seigneur de la Bellaudière et de Mesnard, paroisse de Journet, près de Montmorillon.

Le 20 décembre 1579, elle et son mari vendirent à Léonard Michel, marchand, demeurant en la ville du Blanc, pour 630 écus soleil, le fief noble, métairie, terre et seigneurie de Sevolle. On voit par cet acte qu'ils habitaient alors le château de Céré.

Guillaume de Ravenel appartenait à une famille attachée depuis longtemps à la maison de la Trémoïlle, ainsi que nous le voyons dans les mémoires publiés par M. le duc de la Trémoïlle, intitulés : « Les La Trémoïlle pendant cinq siècles » (1).

Adam de Ravenel fut tué à Pavie aux côtés de Louis II de la Trémoïlle. Jean, son frère, seigneur de la Rivière, près de la Trémoïlle, était gouverneur des jeunes enfants de François de la Trémoille en 1531, et chargé en cette qualité de les présenter à la cour. Il est souvent cité dans les susdits mémoires. Ils étaient enfants d'Adam de Ravenel, seigneur de la Rivière, mort en 1517, et de Fran-

---

(1) *Inventaire de François de la Trémoille*, 1542. Page 197 et suiv.

çoise de Poix. Florent de Ravenel, neveu de Jean, fut seigneur de la Rivière, et continua la famille par son mariage, en 1560, avec Péronelle de Loubes. Guillaume de Ravenel, époux de Marie d'Albin de Valzergues, devait être un cousin germain de ceux-ci.

Cette famille de Ravenel s'est éteinte en 1820 en la personne du chevalier de Ravenel qui habitait le château de la Rivière près de la Trémoïlle, laissant sa fortune à M. de Chateaubodeau, un de ses parents éloignés.

On ignore si Marie d'Albin de Valzergues eut postérité de son mariage avec Guillaume de Ravenel. Mais c'est douteux : car il est très présumable — dit M. le comte de Maussabré — qu'elle ou ses héritiers vendirent la seigneurie de Céré à Pierre de Bridiers, seigneur de Gartempe, que nous voyons demeurer dans le dit château de Céré, lorsqu'il fit son testament le 18 septembre 1615, et élut sa sépulture en l'église de Saint-Hilaire de Benaize, où Diane de Naillac, sa femme était inhumée. Sa fille, Marie-Diane de Bridiers, avait épousé le 3 février 1609, Gabriel des Marquets, seigneur de la Brosse. Leur postérité a possédé Céré jusqu'à la Révolution et en a toujours porté le nom (1).

Armes de Ravenel : *d'argent, à une quintefeuille de gueules.*

Il y avait en Beauvaisis une autre famille de Ravenel dont La Chenaye Desbois a donné la généalogie, et qui avait une branche établie en Bretagne.

6° FRANÇOISE D'ALBIN DE VALZERGUES, mariée, le 22 juillet

---

(1) Le dernier possesseur du château de Céré, de la famille des Marquets, l'a vendu vers 1830 à M. de Malézieux qui le donna à son gendre M. de Saint-Hilaire, lequel, à son tour, l'a laissé à sa fille, Mme de Tristan. Cet ancien château serait fort habitable s'il était réparé. La plus grande partie des terres ont été vendues pendant la Révolution et il ne reste plus que trois domaines.

1565, à Georges de Loubes, écuyer, seigneur de la Gastevine et de Cebon (près Céré), fils de Pierre de Loubes et de Madeleine des Marquets. Son aïeul Georges de Loubes, épousa en 1515 Madeleine Bastard, et son bisaïeul, François de Loubes, Jacquette de Sainte-Fère.

Ces quelques degrés de filiation prouvent la noblesse de cette famille, mentionnée dans l'histoire du Berry, par La Thaumassière. Elle remonte à 1370 et comptait neuf générations, et formait deux branches établies en Berry et en Anjou.

Le 28 novembre 1581, Georges de Loubes partageait les bois de la seigneurie de Céré avec ses beaux-frères et belles-sœurs.

Avant de parler de la postérité de Françoise d'Albin, nous dirons que Georges de Loubes, son mari, était frère de Louis de Loubes, marié en 1613, à Madeleine de Saint-George-Vérac, cousine issue de germaine de Louise de Saint-George, femme de Géraud d'Albin de Valzergues, dont vint entres autres enfants : Philippe de Loubes, qualifié marquis de la Gastevine, lors de son mariage en 1650 avec Suzanne de Pons, fille de Jean-Jacques de Pons, marquis de la Caze, comte de Roquefort, conseiller d'État, mestre de camp d'infanterie, et de Charlotte de Parthenay (1).

Madeleine de Loubes, fille de Françoise d'Albin, épousa Jacob de Leffe, seigneur du Coudray, d'où vint Jeanne de Leffe, mariée, le 1ᵉʳ décembre 1631, à Jacques de Belsunce, fils de Jean et de Rachel de Gontaut.

Huit enfants naquirent de cette union :

1° Armand, marquis de Belsunce, sénéchal et gouverneur de l'Agenois, marié le 21 juillet 1668, à Anne de

____

(1, La Thaumassière ; — Courcelles : Gⁱᵉ de Pons ; — Gⁱᵉ de Bastard.

Caumont-Lauzun, et père du marquis de Belsunce, brigadier des armées du Roi, mort de ses blessures en 1712,
et de Henri-Xavier de Belsunce, l'héroïque et charitable
évêque de Marseille, mort en 1755 ;

2° Anne de Belsunce, femme de Jean de Montalembert,
marquis de Montbeau. Leur petit-fils, Gratien de Montalembert, périt sur l'échafaud révolutionnaire à Paris, le
25 juillet 1794, le même jour qu'André Chénier et le baron
de Trenck. Il avait épousé Suzanne de Croismare (1).
Jeanne de Montalembert, sa sœur, fut mariée le 28 janvier
1748, à François-Emmanuel, marquis de Cardaillac, seigneur de Latrayne en Quercy, trisaïeul de M. le marquis
de Cardaillac, chevalier de la Légion d'honneur, ancien
capitaine des mobiles du Lot en 1870, résidant en son
château de Latrayne près Souillac (Lot), actuellement chef
de l'ancienne et illustre maison de Cardailhac, plusieurs
fois alliée à celle d'Albin, comme nous l'avons déjà dit.

3° Charlotte de Belsunce, mariée à Jean de Caumont-
La Force, marquis de Tonneins ;

4° Louise de Belsunce qui épousa le 22 septembre 1667,
Armand de Caumont, duc de la Force, veuf de Jeanne de
la Rochefaton, cousine germaine de Marie de Loubes, sa
grand'mère ;

5° Olympe de Belsunce, femme d'Antoine, marquis de la

(1) Mme de Montalembert figure dans le célèbre tableau de Ch. L.
Muller, *l'Appel des condamnés*. Sa fille, Rose-Antoinette de Montalembert, avait épousé le 19 juin 1790, Étienne-Alexandre L'Hoste,
marquis de Livry, officier supérieur, chevalier de Saint-Louis, dont
un fils, le marquis de Livy, sans alliance, et une fille, mariée en 1812,
à Magloire Gabriel-Marie Loppin, marquis de Montmort, sous-
lieutenant des Gardes du Corps, chevalier de Saint-Louis et de la
Légion d'honneur, d'où de nombreux descendants : entre autres, le
marquis de Montmort, le comte de Paris, la comtesse de Polignac, la
marquise de Saint-Innocent, etc.

Lane, colonel d'un régiment hollandais. Leur fille s'allia à Nicolas de Fumel ; et enfin, quatre fils officiers dont trois furent tués à l'armée.

Telle est la postérité de Françoise d'Albin de Valzergues et de Georges de Loubes.

Les armes de Loubes étaient : *Losangé d'or et d'azur*.

7° ANNE D'ALBIN DE VALZERGUES, se maria deux fois : d'abord, à JEAN DE LA ROCHEFATON, chevalier, seigneur de Saveilles, fils d'Antoine de la Rochefaton, seigneur de Saveilles et de Montalembert, et de Louise du Puy Basché, d'une ancienne famille éteinte depuis plusieurs siècles, et connue à partir de Guy, seigneur de la Rochefaton, près de Thenezay en Poitou, vivant à la fin du XIIe siècle, et que l'on voit figurer dans un acte de l'an 1200, avec sa femme, dame de Beaurepaire (1). Ses principales alliances furent avec les maisons d'Argenton, Ratault, de Chasteigner la Rocheposay, de Montalembert, Foucher des Herbiers, de la Rochefoucauld, de Beaumont-Bressuire, Taveau de Mortemer, etc. Les armes de la Rochefaton étaient : *de gueules, à trois fleurs de lys d'or*.

Jean de la Rochefaton mourut, ne laissant qu'un fils, sans alliance, et une fille, Jeanne de la Rochefaton, appelée Mlle de Saveilles, recherchée par de nombreux pré-

(1) La seigneurie de la Rochefaton était sortie de la famille de ses premiers possesseurs par le mariage (27 janvier 1377) de Philippe de la Rochefaton, dame de la Rochefaton, fille et héritière de Pierre de la Rochefaton et de Jeanne Ratault, dame de Dissay, avec Hélie Chasteigner, chevalier, seigneur de Saint-Georges de Rexe, à qui elle porta cette terre de la Rochefaton. Elle était veuve de Louis d'Argenton.

Par contre, la seigneurie de Montalembert, berceau de la famille de ce nom, et celle de Saveilles vinrent aux La Rochefaton par l'alliance en 1411 de Thibault de la Rochefaton, chevalier, avec Jeanne, dame de Montalembert et de Saveilles, fille de Jean de Montalembert et de Jeanne d'Archiac ; celle-ce fille de Foucauld d'Archiac, chevalier, seigneur d'Availles, et d'Hélix de la Marche.

tendants, comme étant l'une des plus riches héritières de la province.

Voici ce que nous écrivions à ce sujet dans une notice peu connue, et que, par conséquent, nous pouvons reproduire dans celle-ci concernant la maison d'Albin de Valzergues.

Le duc d'Épernon venait d'édifier le beau château de Cadillac et de restaurer celui de Plassac où il résidait alternativement avec une suite nombreuse de gentilshommes et de serviteurs, suivant la coutume fastueuse des grands seigneurs de ce temps. C'est vers cette même époque (1607) qu'il se trouva mêlé, ainsi que son ami et voisin, le baron d'Ars (Josias de Bremond) aux négociations d'un mariage qui fit grand bruit par l'intervention directe du roi Henri IV, négociations que les mémoires contemporains, entre autres ceux de Sully et de Fontenay-Mareuil, rapportent d'une manière inexacte.

Il s'agissait de la riche héritière de Saveilles, Jeanne de la Rochefaton, cousine germaine du baron d'Ars, et que sa mère, Anne d'Albin de Valzergues, remariée alors à Gabriel de Polignac, seigneur de Saint-Germain, voulait faire épouser au fils de son mari, tandis qu'elle la voyait assidûment recherchée par le fils de M. de La Force.

« Les difficultés qui s'opposèrent d'abord à ce mariage nécessitèrent de longues négociations : les pièces en sont fort nombreuses, dit M. le marquis de la Grange, qui a publié les Mémoires du duc de la Force ; elles ont été conservées pour la plupart dans les archives de la Force et forment un épais dossier qui offre beaucoup d'intérêt pour l'étude des mœurs du temps.

Le marquis de la Force encouragé dans ses démarches par MM. de Biron, de Rohan, d'Epernon, de la Roche-faucauld, Mmes de la Trémoïlle, de Roussy, etc., visita les parents les plus influents, et, à ce titre, se rendit au mois de septembre 1607, à Couhé, chez M. de Vérac (Olivier de Saint-George), et à Ars, chez le baron d'Ars. Il portait des lettres fort expresses du duc d'Epernon, écrites en sa faveur à M. d'Ars. Son père, en exprime toute sa gratitude à M. d'Epernon dans une lettre du mois de mars 1608, et où il reconnaît que M. d'Ars peut tout dans ces négociations délicates : « Monsieur, — lui dit-il — je ne pouvais me promettre plus de contentement de l'adresse qu'il vous a plu me donner, et de votre recommandation si expresse à M. d'Ars, que j'en ai retiré, m'ayant fait ce bien de m'avoir parlé avec beaucoup de franchise, et de me témoigner toute la bonne volonté que je pouvais espérer de lui. Cependant, Monsieur, je vous supplierai très humblement, en me continuant votre favorable assistance, vouloir aux occasions, même par le retour de M. d'Ambleville, faire connaître à M. d'Ars l'honneur que vous nous faites de nous aimer et d'affectionner fort cette affaire, le conjurant d'y rapporter ce qui sera de son pouvoir, car véritablement, il peut tout » (1).

Cette assertion n'était pas entièrement exacte, puisqu'il fallut que MM. d'Ars et de Vérac demandassent au roi de faire cesser toutes ces contestations, et qu'il voulut bien signifier sa volonté en faveur de M. de la Force Henri IV se rendit à leur vœu, et le mariage de Mlle de Saveilles fut enfin décidé, mais n'eut lieu qu'au mois de janvier 1609.

Tallemant des Réaux nous donne l'explication de cette résistance de la part d'Anne d'Albin de Vazergues à consentir au mariage de sa fille. Il est évident qu'elle y était poussée par son second mari, Gaspard de Polignac, dési-

(1) *Mémoires du duc de la Force*, Paris, 1843, t. I, p. 202 et suiv.

reux de voir son fils, né d'un premier mariage, épouser la riche héritière de Saveilles ; mais Mme de Polignac n'agissait pas uniquement dans l'intérêt de son beau-fils, elle voulait éloigner autant que possible l'époque où il faudrait renoncer à jouir de la grande fortune de sa fille.

Voici ce que dit le chroniqueur, toujours empressé de faire connaître les défauts des personnages qu'il nomme.

« En ce temps-là Mme la duchesse de la Force d'aujourd'hui (Jeanne de la Rochefaton) estoit jeune et bien faite ; Théobon de Rochefort, marquis de Théobon, gouverneur de Sainte-Foy, en estoit amoureux. Elle l'amusa et lui laissa espérer tout ce qu'il voulut, jusqu'à ce quelle l'eust obligé de donner sa place au marquis de la Force, son mary, et après elle le planta là. Cette femme a pourtant de la vertu. Elle a vescu admirablement bien avec la mareschale de Chastillon, sa demy-seur (Anne de Polignac). quoique leur commune mère, Mme de Polignac, n'eust jamais voulu consentir au mariage du marquis de la Force et d'elle qu'elle n'en eust tiré auparavant quittance de la tutelle, où elle avoit beaucoup gaigné et avoit pris tous les meubles. Les parents voyant que cette femme voulait marier cette héritière au fils de Polignac, son second mary, s'en plaignirent à Henri IV qui la maria avec le marquis de la Force » (1).

Armand-Nompar de Caumont, mari de Jeanne de la Rochefaton, était le fils aîné de Jacques-Nompar de Caumont, duc de la Force, pair et maréchal de France en 1622, et de Charlotte de Gontaut Biron, fille du maréchal de Biron. Il porta les armes en Italie et en Allemagne, et fut nommé maréchal de France en 1652, après la mort de son père.

(1) *Historiettes de Tallemant des Réaux*.

Jeanne de la Rochefaton, testa le 9 juin 1667 et mourut peu de temps après, et le 22 décembre de la même année, le maréchal de la Force, âgé de quatre-vingt-cinq ans, épousait une de ses jeunes parentes, Louise de Belsunce, qui n'avait alors que dix-sept ans. Son père, le vieux maréchal de la Force, s'était marié trois fois, et cherchait à trouver une quatrième femme lorsqu'il mourut âgé de quatre-vingt-dix-sept ans. Son fils atteignit presque la même longévité, et avait quatre-vingt-dix ans, quand il décéda en son château de la Force, le 16 décembre 1675. Sa veuve, Louise de Belsunce, ne lui survécut que cinq ans : elle mourut de la petite vérole à Paris, le 7 septembre 1680, sans avoir eu d'enfants.

De son premier mariage, le duc de la Force laissait un fils, Jacques de Caumont, marquis de Maugery, décédé sans postérité, et une fille, Charlotte de Caumont La Force, dame de Saveilles, mariée en 1653 à Henri de la Tour, vicomte de Turenne, maréchal de France, fils du duc de Bouillon et d'Elisabeth de Nassau.

La maréchale de Turenne mourut également sans enfants, le 13 avril 1666, âgée de quarante-trois ans. Neuf années après, son illustre époux, succombait glorieusement au combat de Salzbach, 27 juillet 1675, emporté par un boulet de canon.

Les biens que la vicomtesse de Turenne avait recueillis de son père et de sa grand'mère maternelle, Anne d'Albin de Valzergues, entre autres le château de Saveilles, passèrent à des héritiers collatéraux ; d'ailleurs, sa fortune n'était pas très considérable du côté paternel, car son grand-père, dit Tallemant de Réaux, « depuis la mort de sa femme, se laissa gouverner par Castelnau, son second fils; et parce que le Marquis n'a qu'une fille, aujourd'huy Madame de Turenne, il fit tous les avantages qu'il put à ce second fils et aux siens, et ces belles dispositions ont mis bien des procès dans la famille, que le Marquis. depuis la mort de son père, a tous gaignez ».

Quant à décrire le château de Saveilles, canton de Villefagnan près Ruffec (Charente), ancienne demeure seigneuriale assez remarquable, nous ne pouvons mieux faire que de reproduire les quelques notes que notre érudit et obligeant confrère, M. Beauchet-Filleau, l'auteur du *Dictionnaire des Familles du Poitou*, a bien voulu nous communiquer.

« Saveilles est un beau château de la fin du XVe siècle, qui forme un vaste carré enveloppé de douves remplies d'eau, faisant équerre sur le levant et le midi. Il est défendu par deux tours, l'une au nord-est et l'autre au nord-ouest. Les mâchicoulis de la première sont décorés d'arcades trilobées et les fenêtres et lucarnes ornées de nombreuses sculptures. Il y avait autrefois deux ponts-levis, mais l'un des propriétaires, le comte de Bourdeille, les fit enlever et remplacer par deux ponts en pierre. De même, il fit maçonner toute la partie droite du château, tant à l'intérieur qu'à l'extérieur, enlevant les fenêtres à meneaux et les monumentales cheminées sculptées qui s'y trouvaient. Ceci se passa en 1830, et, sans cette hérésie archéologique, le château de Saveilles eut été un des beaux spécimens de l'architecture de cette époque si riche en constructions de ce genre. »

En 1307, Saveilles appartenait à Guillaume Barrière dont le fils épousa Marguerite Chasteigner, et n'eut qu'une fille laquelle apporta vers 1360, Saveilles à son mari Jean de Montalembert: et leur fille, à son tour, le transmit à Thibault de la Rochefaton, septième aïeul de Jeanne de Rochefaton, marquise de la Force. La succession de la maréchale de Turenne sa fille fut partagée entre plusieurs héritiers, et Saveilles, attribué à François Prévost Sansac, seigneur de Touchimbert, époux de Jeanne de la Rochefoucauld ; leur arrière petite-fille, Marie-Suzanne Prévost Sansac de Touchimbert, devenue unique héritière, porta en 1718 Saveilles à son époux, Henri, marquis de Bourdeille. Par suite d'échange avec le comte de Bourdeille, chef de la branche de Montanceix, Saveilles, changea encore de possesseur. Il appartient aujourd'hui à Mme la vicomtesse Raoul du Ligondès, née Disnematin de Salle, petite fille du comte Maurice de Bourdeille.

Turenne dût y résider de temps à autre, car plusieurs de ses lettres sont datées de Saveilles.

Ajoutons — toujours d'après les notes de M. Paul Beauchet-Filleau — que le château-fort de Saveilles était primitivement entouré de neuf autres habitations seigneuriales, également fortifiées, et présentait ainsi une situation exceptionnelle sur une étendue de plus de deux mille hectares. Mais ces neuf châtelliers *(castella)* qui formaient comme un cercle de sentinelles avancées, ont disparus depuis des siècles, et c'est à peine aujourd'hui si les touristes et archéologues peuvent en retrouver quelques traces (1).

Nous avons dit qu'Anne d'Albin de Valzergues, veuve de Jean de la Rochefaton, avait pris une seconde alliance (par contrat du 20 mars 1597) avec Gabriel de Polignac, chevalier, seigneur de Saint-Germain de Clam, gentil-

---

(1) M. Beauchet-Filleau était plus à même que tout autre pour me fournir les renseignements que je lui avais demandés, puisqu'il est le voisin des châtelains actuels de Saveilles. On me pardonnera la longueur de cette digression sur le passé du vieux château qu'habita la maréchale de Turenne, mais son souvenir ne m'est pas indifférent : le marquis de Saint-Geniez Thézan, mon beau-frère, petit-fils du comte de Bourdeille, y était né, et il me parlait souvent de cette antique demeure historique où il passa sa jeunesse.

homme ordinaire de la Chambre du Roi. Conseiller en ses Conseils d'Etat et privé, l'un des chefs du parti de la Réforme en Saintonge et qui assista comme député et président aux principales assemblées des protestants en 1597, 1605 et 1611.

C'était son parent par les Chabanais : Foucauld de Polignac, trisaïeul de Gabriel de Polignac, ayant épousé Agnès de Chabanais, sœur de Joachim de Chabanais, grand-père de Mme de Valzergues (Renée de Chabanais). Il était fils de Gaspard de Polignac et de Louise de La Roche-Chandry.

De son premier mariage avec Léa Boutaud, dame de l'Aubouinière, d'une très ancienne famille du Poitou, fille de Louis, et d'Anne du Fou, il n'avait eu que deux enfants : un fils, Gaspard de Polignac, mort sans alliance en 1613, après avoir vainement recherché Jeanne de la Rochefaton, comme nous l'avons vu ; et une fille, Louise de Polignac, également mariée deux fois : 1º à Henri Poussard, baron de Fors et du Vigean, décédé sans enfants ; 2º à Henri de Clermont, marquis de Gallerande en Anjou, auteur d'une nombreuse postérité inutile à rapporter ici.

Nous n'avons pas besoin de parler longuement de cette maison de Polignac, dite de Saintonge ; La Chenaye-Desbois en a donné la généalogie détaillée, et Courcelles la cite avec éloges.

Quant à la question d'origine, les divers auteurs ne sont pas d'accord. On ne sait pas si cette famille prenait son nom du lieu de Polignac en Velay, ou de Polignac, *alias* Poullignac en Saintonge et en Angoumois (1).

(1) Ce nom, composé des mots latins *Apollinis aquæ*, désignait en Gaule des fontaines consacrées à Apollon.

Les anciens vicomtes de Polignac s'éteignirent en 1421, en la personne d'Armand X, auquel succéda, en 1464, après de longs procès, Louis, baron de Chalençon, petit-fils de Walpurge de Polignac, sœur dudit vicomte.

Sa postérité prit alors le nom de Polignac.

Les Polignac de Saintonge prétendaient que leur premier auteur, Achard de Polignac, venu dans cette province au XIVe siècle, s'y établit par son mariage avec une riche héritière, Jeanne de Sallebruche, dame d'Écoyeux et de Vénérand, dont le fils prit les armes, ainsi que cela se pratiquait assez fréquemment à l'époque féodale pour mieux assurer sans doute la transmission des fiefs dans une famille étrangère.

D'après un ancien mémoire, cet Achard de Polignac est dit fils de Jean de Polignac et de Marguerite de Roquefeuil : dans ce cas, il serait sorti des vicomtes de Polignac de la première race (1).

M. le baron de Wismes, neveu, par sa mère, du comte Héracle de Polignac, décédé, le 20 novembre 1851, dernier représentant mâle de cette maison de Polignac, dite de Saintonge, m'écrivait, il y a déjà plus de trente ans : « Il n'y a plus maintenant que ma cousine, Élisabeth de Polignac. Sa sœur aînée, mariée au comte de Sainte-Aldegonde, est morte laissant un fils, le comte Gérard de Sainte-Aldegonde, et une fille, la marquise de Champagne. La question de savoir si les Polignac du Velay et ceux de Saintonge avaient une commune origine, est difficile à trancher. En tous cas, ceux-ci étaient bien anciens, et mon oncle possédait dans ses archives le précieux original du

(1) La *Gazette de France*, en relatant la mort du comte Alexandre de Polignac (14 juillet 1768), capitaine de cavalerie dans le régiment de Clermont-Prince, ajoute : « de la branche établie en Saintonge en 1200 »

testament d'Héracle de Polignac, croisé en 1200 ; et ce n'est évidemment pas des Polignac d'Auvergne qu'il tenait ce titre et bien d'autres qui doivent être aux mains de mes cousines. C'est de mon oncle que je porte dans mes noms celui d'Héracle. J'ai une belle lettre autographe d'Anne de Polignac, et une également de Gaspard de Coligny-Chastillon, son mari. J'ai connu à Metz une personne qui avait un bien joli dessin d'un des enfants de cette Anne de Polignac, mais on ne voulut jamais me le céder » (1).

Quoi qu'il en soit de la communauté d'origine, les Polignac de Saintonge, par leurs alliances directes avec les maisons de Chabanais, de Coëtivy, de Coligny-Châtillon, du Fou, de Durfort, Frotier de la Messelière, Green de Saint-Marsault, de la Roche-Chandry, de la Rochefoucauld, de Lanes La Roche-Chalais, de Lescours, d'Oilliamson, de Pérusse des Cars, de Posquières Belâbre, Poussard du Vigean, de Saluces, Sanguin de Livry, de Sainte-Aldegonde, de Sainte-Hermine, de Sainte-Maure, Stuer de Saint-Maigrin, Tizon d'Argence, de Wismes, etc. comme par leurs nombreuses possessions féodales durant plus de cinq cents ans, peuvent dignement figurer à côté de l'illustre et puissante maison des anciens vicomtes de Velay. Nous verrons que, parmi les descendants de ceux-ci, il y en eut qui, au XVIIIe siècle, admettaient une communauté d'origine entre les deux familles.

Anne d'Albin de Valzergues survécut encore à son

(1) Gabriel de Polignac, mari d'Anne d'Albin de Valzergues, était le cousin issu de germain de François de Polignac, marié le 10 mars 1580, à Louise de Lanes de la Roche-Chalais, cinquième aïeul du comte Charles de Polignac, maréchal de camp, père du comte Héracle et de Madame la baronne de Wismes, née Bonne de Polignac, mère de notre regretté et savant confrère et allié dont j'ai eu l'occasion de prononcer l'éloge en 1887, quand je lui succédai à la présidence de la Société Archéologique de Nantes et de la Loire-Inférieure.

second époux, Gabriel de Polignac, mort peu de temps après la perte de son fils. Celui-ci mourut en 1615 ; et, à cette occasion, Nicolas Pasquier avait adressé à son père une longue lettre de condoléances, où il fait l'éloge du jeune homme enlevé à la fleur de l'âge, et au moment où il donnait les plus belles espérances (1).

Le même auteur ne devait pas tarder à exprimer à Mme de Polignac ses regrets de la mort de son mari, « personnage de grand poids et singulière recommandation, d'un esprit prompt et rassis, admirable en belles pointes, lequel possédoit une âme calme, tranquille et bonne » (2).

Gabriel de Polignac est souvent mentionné par d'Aubigné et de Thou, mais sous le nom de Saint-Germain.

Les éloges que lui consacre Nicolas Pasquier dans ses lettres sont sincères, car il le connaissait bien et il lui rendait justice, malgré la différence de religion qui devait cependant parfois les séparer d'une manière absolue. Le fils d'Etienne Pasquier avait d'ailleurs d'anciennes et directes relations avec la famille d'Albin de Valzergues par son mariage, le 28 avril 1592, avec Suzanne de Bremond, fille du baron de Balanzac, et sœur d'Elisabeth de Bremond, mariée à Louis de Saint-George, mère de Louise de Saint-George, femme de Géraud d'Albin, seigneur de Valzergues (3).

(1) NICOLAS PASQUIER : *Lettres*, livre III, lettre 4.

(2) *Idem* : livre VII, lettre 5. Cette lettre de consolation, comme toutes celles du même genre, n'était guère d'un bien grand adoucissement pour la douleur d'un père et d'une veuve. Ces phrases dénuées de sentiments naturels, ne sont souvent qu'un véritable fatras, ainsi que le remarque justement Louis Audiat dans son intéressant ouvrage sur Nicolas Pasquier.

(3) Voyez *Lettres de Nicolas Pasquier*, p. 57 et 59 ; et l'étude sur *Nicolas Pasquier*, par Louis Audiat, p. 74 et suiv.

Devenu veuf de Suzanne de Bremond — 8 août 1597 — Nicolas Pasquier épousa, le 4 novembre 1598, Louise Mangot d'Orgères, sœur

De son mariage avec Anne d'Albin de Valzergues, Gabriel de Polignac ne laissait qu'une fille, Anne de Polignac, mariée au château de Comporté, le 13 août 1615, à Gaspard III, comte de Coligny, plus tard duc de Châtillon, amiral de Guienne, gouverneur de Montpellier, maréchal de France en 1622, fils puîné de François de Coligny, amiral de Guienne, colonel-général de l'infanterie française, et de Marguerite d'Ailly, et petit-fils de l'amiral de Coligny et de sa première femme, Charlotte de Laval.

Gaspard de Coligny, né le 26 juillet 1564, avait succédé à son frère Henry de Coligny, tué à Ostende le 10 septembre 1601.

La communauté d'opinions religieuses entre les Polignac et les Coligny avait naturellement contribué à l'alliance du petit-fils de l'amiral de Coligny avec la fille de M. de Saint-Germain, le président des principales assemblées des protestants, et nièce des Valzergues et des Saint-George Vérac. Le maréchal de Châtillon se signala dans les guerres de Hollande et de Piémont contre les Espagnols.

« Il n'y avoit personne dans le party huguenot de si considérable que M. de Chastillon. Il avoit toute la faveur de son père et de son ayeul ; en un rien il pouvoit mettre quatre mille gentilshommes à cheval. Il tenoit Aigues-Mortes ; mais il la rendit pour estre maréchal de France. »

Tallemant des Réaux qui se croit obligé de mêler l'éloge à la critique, déclare que « ce maréchal étoit un homme intrépide » et il vante son admirable sang-froid. « Il ne

de Claude Mangot, garde des sceaux sous la régence de Marie de Médicis en 1616, et tante de Madeleine Mangot, mariée à Aimery de Rochechouart, prince de Tonnay-Charente, et d'Anne Mangot, femme de Jean de Rieux, marquis d'Assérac.

pouvoit porter des armes (une cuirasse) tant il estoit gros, et puis il n'en eust pas voulu. »

« C'estoit un bon François, dit-il encore en terminant; et qui, depuis qu'il se fut accommodé avec la Cour, n'a brouillé en aucune sorte. La reyne, au commencement de la régence, luy donna le brevet de duc. Il mourut quelque temps après ; sa femme se jeta à genoux pour luy demander pardon si elle l'avoit offensé : « Ah ! ma mie, luy dit-il, vous vous mocquez ; ce seroit bien plustost à moy ».

Il mourut le 4 janvier 1646, en son château de Châtillon, ne laissant qu'un seul fils et deux filles.

« Il s'estoit marié un peu par amour, dit Tallemant des Réaux. Sa femme estoit belle et vertueuse. Au mariage de la reine d'Angleterre, le comte de Carlisle témoigna tant d'estime pour elle, qu'il la surnomma l'*Incomparable.* » Puis, il ajoute en note, — comme s'il eut regretté d'avoir donné cet éloge à Mme de Chastillon : — Ce n'estoit point une habile femme ; elle ne faisoit que prier Dieu. Le maréchal fut contraint de luy oster le soing de sa maison. »

Anne de Polignac fut, en effet, comme son père et beaucoup de ses parents, on ne peut plus zélée pour la cause de la Réforme.

Elle survécut à son mari, et à ses deux fils, et mourut le 15 juillet 1651 à Hornbourg en Alsace (1). Elle fut sans doute inhumée à Châtillon-sur-Loing, au tombeau de son mari dont elle avait conservé le plus fidèle souvenir.

Son portrait, gravé par Picart. la représente en costume de veuve, tenant à la main un médaillon où l'on voit le

(1) Le château de Hornbourg appartenant au prince Georges de Wurtemberg, fut, en 1761, érigé en Comté avec les terres qui en dépendaient, en faveur des descendants du prince Léopold-Eberhard.

portrait du maréchal de Châtillon : c'est sans doute la reproduction de la gravure de Moncornet ou de Van Gheim (1).

Elle avait eu quatre enfants de son mariage avec Gaspard de Coligny : deux garçons et deux filles

1° Maurice de Coligny, l'aîné, mourut sans alliance, à Paris, le 23 mai 1644.

2° Gaspard IV, duc de Châtillon, d'abord appelé le duc de Coligny, marquis d'Andelot, lieutenant général des armées du roi, général des troupes françaises entretenues

(1) Je fus longtemps — comme M. le baron de Wismes — avant de trouver cette gravure de Picart : et encore l'épreuve me semblait-elle d'un tirage récent. Depuis, d'autres exemplaires du portrait de la maréchale de Châtillon ont passé dans les catalogues d'estampes, et toujours dans le même état de neuf. M. le marquis de Coligny Châtillon, intéressé comme moi à la recherche de ce portrait d'Anne de Polignac, l'une de ses aïeules, m'a donné, dans la lettre suivante, l'explication de cette réapparition subite d'une gravure jusqu'à présent si rare.

C'est un renseignement qui peut faire plaisir aux collectionneurs d'estampes anciennes.

« Je puis vous renseigner, je crois, au sujet de mon aïeule Anne de Polignac — fille d'Anne d'Albin de Valzergues — représentée en costume de veuve, et tenant à la main un médaillon représentant son mari, le maréchal duc de Coligny ; gravure d'une extrême rareté, mais depuis quelques années devenue bien moins difficile à trouver.

Mon ami, feu le comte de Soultrait, archéologue distingué, comme vous le savez, et que, d'ailleurs, vous avez connu personnellement, possédait une épreuve in-folio à toute marge de ce portrait de la maréchale de Châtillon. Il ne put que m'en offrir une photographie réduite, s'étant engagé vis-à-vis du donateur à ne pas s'en dessaisir de son vivant. A sa mort, cette précieuse estampe ne fut point retrouvée dans ses collections de portraits.

Voici donc comment on peut expliquer le secret de la multiplication actuelle de cette gravure de Jacques Picart. M. de Soultrait tenait cet exemplaire du comte de Charpin Feugerolle qui — m'assurait-il en possédait le cuivre. Or, il peut se faire qu'à la mort de M. de Charpin, ses héritiers l'aient abandonné à quelque marchand d'estampes qui en a fait exécuter un nouveau tirage. M. de Charpin possédait également le cuivre de Gaspard I, comte de Coligny, maréchal de France, père de l'amiral »

en Hollande pour le service des Etats, mort âgé de trente-huit ans. le 9 février 1649, au château de Vincennes, d'une mousquetade reçue au combat de Charenton, lors des troubles de la Fronde.

Il avait abjuré la religion protestante en mai 1643. De son mariage, en 1645, avec Elisabeth-Angélique de Montmorency. sœur du maréchal de Luxembourg, il n'eut qu'un fils, né posthume, Henri-Gaspard de Coligny, mort le 25 octobre 1657, à l'âge de huit ans.

La duchesse de Châtillon se remariait au mois de février 1664, après quinze ans de veuvage, au prince Christian-Louis, duc de Mecklembourg, comte de Schwerin. Elle n'en eut pas d'enfants, et mourut le 24 janvier 1695, trois ans après son second mari, qui était décédé à La Haye, le 21 juin 1692, âgé de soixante-neuf ans. Il ne laissa pas d'enfants de sa première femme, Christine de Mecklembourg, sa cousine, veuve elle-même de François-Albert, duc de Saxe-Lauenbourg.

Elle se trouvait parmi les personnes qui entouraient Mme Henriette d'Angleterre, lorsque cette princesse mourut presque subitement, ce qui avait fait croire — comme on le sait — à un empoisonnement. Bossuet réfuta cette calomnie, et, dans une lettre du mois de juillet 1670, il s'exprimait ainsi : « On avait dit qu'elle (Madame) était morte empoisonnée ,en buvant trois gorgées d'eau de chicorée : mais l'ouverture du corps fut une manifeste conviction du contraire, puisque l'on n'y trouva rien de sain que l'estomac et le cœur qui sont les premières parties attaquées par le poison ; joint que Monsieur, qui avoit donné à boire à Mme la duchesse de Mecklembourg qui s'y trouva, acheva de boire le reste de la bouteille pour rassurer Madame, ce qui fut cause que son esprit se remit aussitôt. »

Saint-Simon mentionne plusieurs fois Mme de Châtillon, notamment à l'occasion du duel du marquis de Vardes, avec son père, le duc de Saint-Simon, alors grand-écuyer du roi, combat « qu'elle vit froidement », de la fenêtre de sa maison près la porte Saint-Honoré ; c'était, en effet, un véritable combat, puisque les témoins des deux parties y prenaient également part.

Saint-Simon la blâme aussi d'avoir, de concert avec la duchesse de Nemours, fait le mariage de sa nièce, Mlle de Luxembourg, avec le chevalier de Soissons, auquel Louis XIV, malgré les instances de la duchesse de Mecklembourg, refusa toujours d'accorder le titre de prince de Neufchâtel, à ce « vieux bâtard obscur du dernier comte de Soissons. »

Saint-Simon nous apprend encore que la duchesse de Mecklembourg mourut presque abandonnée — sans aucuns détails — à propos de la mort du maréchal de Luxembourg, son frère, assisté à ses derniers moments par le Père Bourdaloue qui reproche au fils et à la sœur du moribond de laisser eclater leur douleur et de « s'affliger de ce qu'un homme payoit le tribut à la nature, et mouroit en chrétien et en grand-homme, et que peut-être aucun d'eux n'auroit le bonheur de mourir de la sorte »... « La prophétie ne tarda pas à s'accomplir en la personne de la duchesse de Mecklembourg, ajoute Saint-Simon, elle mourut dans le même mois de janvier et de la même maladie, peu de jours après son frère, sans aucuns secours spirituels, ni presque corporels, laissant tout ce qu'elle avoit au comte de Luxembourg, second fils de son frère. » Saint-Simon, très jaloux de la maison de Montmorency, comme de toutes les familles supérieures à la sienne, était bien aise de rapporter ce qui pouvait paraître défavorable aux personnes qu'il enviait. Il est donc présumable que les derniers moments de la sœur du maréchal de Luxembourg ne furent point aussi pénibles (1).

La duchesse de Mecklembourg mourut en effet vingt jours seulement après le maréchal.

Elle avait réuni à la succession de ses parents celle de son jeune fils, le duc de Châtillon, qui comprenait des biens venant des maisons d'Albin de Valzergues, de Polignac et de Coligny. Elle ne donna point tout à son neveu, le comte de Luxembourg, car elle assigna les terres de Saint-Germain de Lusignan, de Clam, de Saint-Georges-de-Cubillac et d'Antignac, en Saintonge, à l'une de ses nièces, Julie d'Estampes, marquise d'Entraigues, fille du marquis de Valençay et de sa sœur aînée, Marie-Louise de Montmorency-Luxembourg, propriétés qui passèrent ensuite au comte de Valençay, frère de Mme d'Entraigues, morte sans enfants.

En 1789, elles appartenaient encore à Louis d'Estampes, marquis de Mauny, sauf la seigneurie de Clam acquise par la famille Mercier du Paty dont était le président Mercier du Paty, auteur des Lettres sur l'Italie, et aïeul du général du Paty de Clam, père du lieutenant-colonel de ce nom (2).

Henriette de Coligny, la fille aînée d'Anne de Polignac et du maréchal de Châtillon, née à Paris en 1618, est demeurée célèbre, sous le nom de comtesse de la Suze, parmi les femmes bel-esprit et les précieuses les plus à la

(1) M. le prince duc de Bauffremont, petit-fils du prince Théodore de Bauffremont et de Mlle de Montmorency, sœur aînée du dernier duc de Montmorency, possède parmi sa précieuse galerie de tableaux et portraits de famille, dans son hôtel à Paris (l'ancien hôtel de Montmorency, rue de Grenelle), un très beau et très gracieux portrait de Mme la duchesse de Mecklembourg.

(2) Ces anciennes seigneuries venaient aussi de la maison de la Rochechandry, à laquelle appartenait la bisaïeule d'Anne de Polignac, Louise de la Rochechandry, fille de François, et d'Andrée de Bourdeille. Rainguet, *Etudes historiques sur l'arrondissement de Jonzac.*

mode, comme son amie Mlle de Scudéry, par ses compositions poétiques et romanesques.

Mariée, le 8 août 1642, à un riche seigneur écossais, Thomas Hamilton, comte de Hadington, de l'illustre maison de ce nom, elle devint bientôt veuve, et épousa Gaspard de Champagne, comte de la Suze, lieutenant-général des armées du roi, commandant en Alsace, gouverneur de Belfort. etc., dont elle se sépara en 1653, après son abjuration de la religion protestante, ne voulant pas suivre son mari, protestant rigide et jaloux, qui la voulait reléguer loin de Paris ; ce qui fit dire à la reine Christine de Suède que la comtesse de la Suze s'était fait catholique, pour ne voir son mari, ni en ce monde, ni en l'autre.

Ce mariage fut cassé par un arrêt du parlement. Le comte de la Suze épousa ensuite, le 28 octobre 1662, Louise de Clermont Gallerande, petite-fille de Henri. marquis de Gallerande, et de Louise de Polignac (sœur d'Anne de Polignac, maréchale de Châtillon).

Ses œuvres ont été imprimées plusieurs fois, notamment en 1656, 1666 et 1725, en quatre volumes avec un portrait gravé d'après la peinture de Mignard. Elle fut entourée des hommages de tous les poètes et courtisans de son époque qui célébrèrent son talent et sa beauté. Le distique suivant attribué au Père Bouhours, et composé au sujet d'un tableau de Largillière où la comtesse de la Suze était représentée sur un char roulant sur les nuages, distique souvent cité par ses biographes, entre autres Leclerc, s'exprime ainsi :

Quæ Dea sublimi vehitur per inania curru ?
An Juno, an Pallas, an Venus ipsa venit ?
Si genus inspieias, Juno ; si scripta, Minerva ;
Si species oculos, mater Amoris erit.

« Quelle est cette déesse qu'un char emporte dans l'espace ? Est-ce Junon ou Pallas, ou Vénus elle-même ? Par sa naissance c'est Junon ; par ses écrits Minerve ; mais si tu regardes ses yeux, ce sera la mère de l'Amour. »

Les galanteries, bien connues de Mme de la Suze, ne concordent guère avec les sentiments platoniques qu'elle exprime dans ses ouvrages et ses vers, poésies empreintes de mélancolie et du plus pur idéal. C'était alors la mode parmi les précieuses les plus raffinées.

Mme de la Suze mourut à Paris le 10 mars 1673, et fut inhumée dans l'église de Saint-Paul

ANNE DE COLIGNY, née en 1624, seconde fille de la maréchale de Châtillon, épousa le 9 mars 1648, le prince Georges II, duc de Wurtemberg, né le 5 octobre 1626, fils du prince Louis-Frédéric, comte de Montbéliard, et de sa seconde femme, Anne-Éléonore de Nassau-Sarrebruck. Il n'avait alors que vingt-deux ans et vingt mille francs de revenus : mais à la mort de son demi-frère aîné, le prince Léopold-Frédéric, décédé sans enfants le 15 juin 1661, il hérita de la principauté de Montbéliard. Jusque-là, il avait habité la petite ville de Hornbourg. Il fut bientôt dépouillé de son héritage par les Français qui s'emparèrent de Montbéliard, dans les guerres de 1673 et de 1689, pendant lesquelles, il se réfugia à Oëls, chez son gendre, Silvius-Frédéric de Wurtemberg, duc d'Oëls, qui avait, en 1672, épousé sa cousine, Eléonore-Charlotte de Wurtemberg-Montbéliard (1). Il ne rentra en paisible possession de ses

---

(1) Nous possédons dans nos archives une lettre en latin de Léopold Ier, empereur d'Allemagne, datée de Vienne, le 15 juin 1667, adressée au marquis de Castel-Rodrigo, gouverneur des Pays-Bas, et où il lui recommande le comte de Montbéliard, Georges de Wurtemberg et de Teck qui poursuit devant le parlement de Dôle, l'abbé de Corneville, à cause du monastère de Beauchamps, sis dans le comté de Montbéliard.

états qu'après la paix de Ryswick en 1697, et mourut le 11 juin 1699, âgé de soixante-treize ans, et dix-neuf ans après sa femme, décédée le 23 janvier 1680. Celle-ci, survivant à tous les siens, frères et neveux du nom de Coligny, avait hérité des marquisat et comté de Coligny qu'elle laissa à son mari, le duc Georges de Wurtemberg, par son testament olographe du 31 octobre 1662.

De son mariage avec Anne de Coligny, le duc Georges de Wurtemberg avait eu sept enfants : Otto-Frédéric. né en 1650, mort en 1653 ; Léopold-Eberhard, qui succéda à son père ; et cinq filles : 1° Henriette, née en 1654, morte de douleur de la perte de sa mère, peu de jours après elle ; 2° Eléonore-Charlotte, née en 1656, mariée le 7 mai 1672, à son cousin, le duc de Wurtemberg-Oëls, veuve sans enfants en 1697. Elle fit abjuration à Paris, le 3 août 1702, se retira quelque temps à l'abbaye de Maubuisson, d'où elle retourna sur ses terres en Allemagne ; 3° Anne, née en 1660, non mariée, décédée à Montbéliard, le 13 juin 1733 ; 4° Elisabeth, née en 1665, qui épousa le 9 septembre 1689, Frédéric-Ferdinand, duc de Wurtemberh-Weitlingen, veuve en 1705, décédée à Stutgard, le 5 juillet 1726 : 5° Hedwige, née le 22 mars 1667, morte sans alliance à Breslau en Silésie, le 27 décembre 1715.

Le duc Léopold-Eberhard de Wurtemberg ne jouit guère en paix, comme son père, de la principauté de Montbéliard.

Né le 21 mai 1670, il suivit son père en Silésie dès sa jeunesse. En 1681, passant par les états de Wurtemberg, il fut arrêté prisonnier par les ordres de son parent, le duc Frédéric-Charles de Wurtemberg, alors administrateur de Stutgard, et ne recouvra sa liberté qu'après trois mandements impériaux, par le dernier desquels, daté du 9 octobre 1682, le duc de Bavière était chargé d'entrer à main armée dans les états de Wurtemberg Stutgard pour forcer le prince Frédéric-Charles à la lui rendre.

Depuis, il entra au service de l'empereur, et fit plusieurs campagnes en Hongrie à la tête d'un régiment d'infanterie.

Il commandait dans la ville de Tokay, lorsqu'en 1693, elle fut bloquée par les Turcs : il leur fit lever le blocus et les força à repasser la Save.

Il est mort dans son château de Montbéliard, le 25 mars 1723, âgé seulement de cinquante-trois ans.

D'après les lois de l'Empire, et bien que ses sœurs fussent mariées à deux princes de la maison de Wurtemberg, le comté de Montbéliard ne pouvait écheoir à celles-ci, et fautes d'héritiers aptes à succéder en ligne masculine directe, devait faire retour à la branche ducale régnante en la personne de Louis-Eberhard, duc de Wurtemberg et de Teck.

Ce prince, dès la mort de son cousin, s'était empressé d'ajouter à ses titres celui de comte de Montbéliard (1).

Le duc Léopold laissait plusieurs enfants nés de deux unions morganatiques et d'une maîtresse qui revendiquè-rent longtemps l'héritage de leur père.

Ses dispositions testamentaires donnèrent lieu à des procès interminables, en encourageant les réclamations de ces enfants plus ou moins légitimes qui, d'ailleurs, se voyaient soutenus par leurs parents et alliés de France et les partisans qu'ils s'étaient ménagés à la cour du Régent, entre autres les Rohan, les Luynes et la prin-cessse de Carignan.

(1) Nous avons aussi dans nos archives une lettre inédite en alle-mand de l'empereur Charles VII, datée de Vienne, le 4 juillet 1725, à son cousin Eberhard-Louis, duc de Wurtemberg, comte de Mont-béliard et de Teck, feld-maréchal de l'Empire, par laquelle il le félicite d'avoir pris en main la régence du comté de Montbéliard.

Les détails de ces longues contestations se trouvent dans les mémoires du temps, principalement dans ceux de Saint-Simon et le journal de Dangeau. Le dictionnaire de Moréri (Edition de 1759) en contient une analyse qui donne les noms des enfants issus de ces diverses unions ; mais ces détails sont trop compliqués pour être compris à la simple lecture. Aussi, en faisons-nous grâce au lecteur qui peut déjà en juger d'après les filiations princières provenant actuellement des mariages morganatiques des princes d'Allemagne, d'Autriche et d'Italie, lesquelles descendances sont insérées depuis quelques années, dans les Annuaires des Cours et de la Noblesse.

De la comtesse de Sponeck, le duc Léopold de Wurtemberg eut un fils et une fille. Celui-ci, à la mort de son père publia un mandement pour inviter les sujets du comté de Montbéliard à le reconnaître comme leur souverain.

Il fit fermer les portes de la ville à la petite armée envoyée de Stutgard ; mais le 8 avril, il dût s'incliner devant une décision impériale qui déclara les enfants issus des deux unions du prince Léopold-Eberhard inhabiles à toute succession allodiale.

Ce fils, Georges-Léopold, tantôt qualifié en Allemagne, comte de Sponeck, du nom de sa mère, tantôt en France de prince de Montbéliard, par suite de ses prétentions, n'a pas laissé de descendance.

Sa sœur, Léopoldine-Eberhardine, épousa à Montbéliard, le 31 août 1719, Charles-Léopold de Sandersleben, comte de Coligny, fils adoptif du duc Léopold. Sa mère, la baronne de l'Espérance, était divorcée de Jean-Louis de Sandersleben. Elle et sa sœur, la comtesse de Sponeck, avaient engagé de longs procès au sujet de ces héritages si embrouillés (1).

(1) C'est dans l'une des nombreuses pièces de ces procès que l'on voit la baronne de l'Espérance choisir pour tuteur de ses enfants

Elles finirent par obtenir du roi de France, pour leurs enfants le titre honorifique de comtes de Coligny, et de l'empereur d'Allemagne celui de comte de Hornbourg et du Saint-Empire.

De ce mariage vinrent deux filles :

1° Eléonore-Charlotte de Sandersleben, comtesse et marquise de Coligny, épousa au château de Coligny, le 4 avril 1752, Joseph-Louis-Christophe de Faucigny, comte de Lucinge.

Leur petit-fils, Ferdinand-Victor-Amédée, prince de Faucigny Lucinge et de Cystria, né en 1789, fut marié, le 27 septembre 1823, à Charlotte-Marie-Augustine, comtesse d'Yssoudun, née en 1810, fille reconnue de M. le duc de Berry et de miss Amy Brown. Mme de Lucinge est morte en 1836.

Leur fils aîné, le prince Charles de Faucigny Lucinge, chevalier de Malte et des Saints Maurice et Lazare, chef actuel de sa famille, et veuf de M^ile de Sesmaisons, a épousé en secondes noces, le 3 décembre 1903, Mme la vicomtesse de Janzé, née Choiseul-Gouffier, sœur de Mme la vicomtesse de Poli. De son premier mariage, le prince de Lucinge a eu cinq fils, dont les noms et les alliances, ainsi que la généalogie complète de la maison de Faucigny, sont rappelés dans l'*Annuaire de la Noblesse*, de Borel d'Hauterive. (Année 1894).

Les Faucigny Lucinge, comme les Pillot Chenecey, relèvent, parmi leurs nombreuses titulatures, celle de mar-

le vicomte de Polignac. commandant en Velay, (frère du cardinal de Polignac), et, à son défaut Louis de Mailly, comte de Rubempré, « Comme étant leurs plus proches parents paternels en France ». Ceci semblerait indiquer que la bisaïeule de ces enfants mineurs, Anne de Polignac, était considérée comme étant de la maison de Polignac en Velay,

quis et de comte de Coligny, de baron de Beaupont, etc,
(*Almanach de Gotha*, années 1836, 1877, etc.)

2° Anne-Elisabeth-Hedwige de Sandersleben, comtesse
et marquise de Coligny, comtesse de Hornbourg et du
Saint-Empire, fut mariée le 16 novembre 1747, au château
de Coligny, à Thomas de Pillot, chevalier, seigneur de
Chenecey, Saint-Martin, etc. Leur petit-fils, héritier
des titres de son aïeule, chambellan de S. M. la Reine de
Wurtemberg, épousa à Paris en 1812, Mlle de Messey,
fille du comte de Messey, lieutenant-général, commandeur de Saint-Louis, chevalier de Malte, et filleule de M.
le duc de Berry et de Madame Victoire de France.

De cette union sont nés : la comtesse de Villeneuve-
Esclapon, la marquise Dedons de Pierrefeu et le marquis de
Coligny, comte de Hornbourg et du Saint-Empire, décédé
au château de Choye, le 14 septembre 1894, laissant quatre
fils dont l'aîné, Raoul de Pillot-Chenecey, marquis de
Coligny-Châtillon, ancien officier supérieur, chevalier de
la Légion d'honneur, commandeur de Saint-Silvestre,
chevalier du Saint-Sépulcre, chambellan des Papes
Léon XIII et Pie X, se trouve aujourd'hui parmi les
descendants d'Anne d'Albin de Valzergues, sa 8e aïeule.

De son mariage, en 1872, avec Mlle Quarré de Château-
Régnault d'Aligny, fille du vicomte d'Aligny et de Mlle de
Montmorillon. M. de Coligny a deux fils officiers : le puîné,
le comte Guy de Coligny, a épousé en 1903, Mlle de Pins,
petite-fille de M. le comte de Pins-Montbrun et de Mlle de
Bassompierre, et une fille mariée à M. de la Rochette, officier de dragons. Il réside au château de Choye (Haute-Saône),
légué à son aïeul, sous la Restauration, par son parent,
le baron d'Olivet de Chamolles maréchal de camp (1).

(1) En 1897, lors des fêtes qui accompagnèrent l'inauguration, à
Saint-Quentin, du monument commémoratif de la défense de cette

Thomas de Pillot de Chenecey, le mari d'Hedwige de Sandersleben Coligny, descendait de Jehan de Pillot, chevalier, vivant en l'an 1300, d'une ancienne famille de Franche-Comté, distinguée par ses services et ses alliances. La branche cadette est connue sous le nom de Chantrans, nom d'une terre érigée en marquisat par lettres patentes de Louis XVI, données à Versailles en août 1780.

Parmi les alliances directes nous citerons celles avec les maisons d'Andlau, de Binans, Citey de Carondelet (ducs de Baylen en Espagne), de Chantrans, de Chissey, de Jouffroy, de Moustier, de Marnix, de Montrichard, de Poligny, de Reculot, de Rivoire de la Batie, de Scey-Montbeliard, de Villeneuve-Esclapon, etc. (1).

Ces deux sœurs, Mmes de Lucinge et de Chenecey, à la mort de leur mère, obtinrent la jouissance de la rente accordée à celle-ci en 1750 par le roi de France, pour la reprise des domaines de l'hoirie de Coligny au comté de Bourgogne.

Dans les lettres-patentes royales, était confirmé le droit de relever les nom, titres et armes de le maison de Coligny. On y prévoyait aussi le cas où le comte de Sandersleben Coligny n'aurait que des filles, lesquelles pourraient alors, suivant un usage allemand, transmettre ces titres à leurs maris. : ce qui a eu lieu.

ville en 1557 par l'amiral de Coligny, M. le marquis de Coligny invité par la municipalité de Saint-Quentin, fut présenté, en qualité de descendant de l'amiral, par le préfet de l'Aisne au Chef de l'Etat, M. Félix Faure, et assista dans la tribune présidentielle aux cérémonies qui suivirent cette inauguration. Voyez : *Visites de chefs d'Etat à Saint-Quentin*, par Elie Fleury et Henri Merlier, p. 54.

(1) *Nob^{re} de Franche-Comté*, par Thomas Varin, docteur-ès-droit, juge et gouverneur de la mairie de Besançon en 1679 (Bibl. Mazarine); et Inventaire des titres de la maison de Chalons, barons d'Arlay (Arch. du Doubs).

Voir aussi : *Genealogische Tabellen*, important ouvrage publié en 1737 par Johann Hubners, de Hambourg, où figurent, page 205, les enfants issus des diverses unions du duc Léopold de Wurtemberg.

Par l'extinction successive de tous les autres descendants du prince Léopold-Eberhard de Wurtemberg, ces deux sœurs réunirent sur leur tête l'indemnité considérable qui avait été imposée, en 1751, au chef de la maison ducale de Wurtemberg-Stutgard par l'empereur François Ier, en échange de la renonciation par les descendants de la branche cadette, aux titres, noms et armes de leurs ascendants Wurtemberg.

« Ainsi fut terminée — dit M. Duvernoy, l'historien de Montbéliard — une contestation dont, pendant trente-six ans, avaient retenti les tribunaux de France et d'Allemagne, et avait coûté au seul duc régnant de Wurtemberg, plus de trois millions de livres tournois. »

Nous avons dit que le dernier duc de Wurtemberg-Montbéliard avait deux sœurs mariées à deux princes de leur maison. L'aînée, la duchesse de Wurtemberg-Oëls ne laissa pas de postérité. Sa sœur cadette, la duchesse de Wurtemberg-Weitlingen, veuve le 8 août 1705, n'eut que trois enfants : Georges, mort en bas âge ; Julienne-Sibylle-Charlotte, née le 14 novembre 1690, mariée le 21 avril 1709, à Charles-Frédéric de Wurtemberg, duc d'Oëls, fils du duc Chrétien-Ulric et de Sibylle-Marie de Saxe, et Hedwige-Frédérique, née le 18 octobre 1691, mariée le 8 octobre 1715, à Jean-Auguste, prince d'Anhalt-Zerbst, veuf de Frédérique, duchesse de Saxe-Gotha, mort le 7 novembre 1742, sans enfants de ses deux alliances.

La princesse d'Anhalt-Zerbst est décédée le 24 août 1752, la dernière descendante (du nom de Wurtemberg) de sa trisaïeule Anne d'Albin de Valzergues.

Nous avons de cette princesse un fort beau portrait dessiné et gravé par Bernigeroth, célèbre graveur allemand de Leipsig (1). Les traits d'Hedwige de Wurtemberg rappellent ceux de son oncle, le dernier duc de Coligny, et, par suite, ceux de son arrière-grand'mère Anne de Polignac, maréchale de Châtillon.

Après avoir donné la nombreuse descendance des sœurs de René d'Albin de Valzergues de Céré, nous allons consacrer le chapitre suivant, à la biographie de ce jeune et célèbre chef des armées protestantes.

*
* *

PIERRE *alias* RENÉ D'ALBIN DE VALZERGUES DE CERÉ, connu sous le nom de Céré ou Séré. La généologie manuscrite de la Bibliothèque nationale lui donne le seul prénom de Pierre, tandis que les divers historiens, entre autres de Thou, les annotateurs de l'*Histoire universelle* de d'Aubigné, et les auteurs modernes le nomment René.

Peut-être ne prit-il ce dernier prénom qu'à l'époque où il embrassa la religion protestante pour montrer qu'il entrait dans une vie nouvelle, *Renatus*. L'usage de porter deux prénoms était encore bien rare. Mais ce n'est qu'une hypothèse, car il dut appartenir à la Réforme dès son berceau ou à la mort de son père. Il est plus probable que le prénom de René lui venait de son aïeule, Renée de Chabanais. Ce fut elle, sans doute, qui apporta les germes de l'hérésie dans la famille d'Albin. Elle-même en avait hérité de sa mère, Florence de Saint-George-Vérac, dont tous les parents étaient, nous l'avons dit, de zélés huguenots, et principalement Ponthus de Saint-

(1) Martin Bernigeroth, né dans le comté de Mansfeld, s'établit et travailla à Leipsig où il mourut en 1733. Son fils, Johan-Martin Bernigeroth, fut également un artiste distingué. Ils ont gravé tous deux, à l'eau-forte et au burin, plus de douze cents portraits de personnages notables de leur époque, allemands pour la plupart.

George, son frère, ancien abbé de Notre-Dame de Valence, l'un des premiers disciples de Calvin, et qui se signala par les plus grands excès en prenant part à tous les forfaits de ses nouveaux coreligionnaires qui pillaient et dévastaient les monastères et les églises (1).

René d'Albin, — que nous désignerons sous le nom de Valzergues de Séré comme il est connu dans l'histoire — s'attacha de bonne heure au prince de Condé, et se fit promptement distinguer par sa rare intrépidité dans les combats journaliers de cette époque. On le voit figurer pour la première fois dans l'histoire des guerres religieuses en l'année 1570, à la bataille d'Arnay-le-Duc, que d'Aubigné, dans son *Histoire universelle*, décrit avec toutes ses circonstances (2). L'amiral de Coligny, alors près de Privas avec le prince de Condé et le prince de Navarre, avait reçu de Genève huit cents arquebusiers et trois cents chevaux qui s'étaient avancés à travers la Bourgogne et le Beaujolais. Il les dirigea sur Arnay-le-Duc où, de son côté, se portait l'armée catholique forte d'environ dix-sept mille hommes, dont quatre mille Suisses, sous le commandement du maréchal de Cossé.

« Cette armée, dit d'Aubigné, ayant passé le Berri, le Nivernois et la Loire à Decize au commencement de juin, à la fin du mesme mois se trouva en veue des ennemis en un costeau entrecoupé de bois taillis, un ruisseau par le

(1) Florimond de Rémond, *Hist. du Calvinisme* ; — *Journal* de Michel Le Riche ; — *Gallia Christiana* ; etc. Dans la *France Protestante*, de Haag, on dit de ne pas confondre René de Valzergues avec un autre Valzergues, ami de Montluc, « qui était peut-être son frère aîné », René était le neveu à la mode de Bretagne d'Antoine d'Albin, seigneur de Valzergues, sénéchal de Rouergue.

(2) Nouvelle édition publiée par la Société de l'Histoire de France, t. III, p. 173 et suiv., on remarquera que d'Aubigné écrit indifféremment Ceré ou Séré.

bas. Le premier jour, La Valette, menant la teste, rencontra Vérac et Chouppes avec sept cent vingt chevaux, et Céré, qui menoit vingt-cinq coureurs devant eux ; La Valette en avoit quarante de mesme mestier. Ceré, suivi de près, charga sans marchander, esbranla la teste. »

On voit déjà avec quelle intrépidité le jeune capitaine entrait au combat. Ce jour-là, La Valette crut prudent de ne pas continuer l'attaque dans la crainte d'être écrasé par le nombre trop disproportionné de ses adversaires. L'armée des Réformés ne comptait, en effet, que quatre mille cinq cents hommes, parmi lesquels se trouvaient « les reistres, — sous les ordres du comte de Mansfeld — presque tous en pourpoint, et tous se sentant d'un voyage de quatre cents lieues sans une semaine de repos. »

Les princes étaient arrivés à Arnay-le-Duc la veille seulement, ainsi que le comte Ludovic de Nassau.

La bataille s'engagea donc dans ces conditions bien inégales : c'est alors que les quarante coureurs de La Valette et les vingt-cinq de Céré mettent l'épée à la main et commençaient à tout renverser : deux gros corps de cavalerie arrêtaient ce premier succès. Malgré cela, cette vaillante attaque avait porté le désordre dans toute l'armée du maréchal de Cossé.

Les Réformés sous la vigoureuse impulsion de Montgommery et de Mansfeld reprenaient leur avance. « Mais l'Amiral courut au devant, craignant quelque fort ralliement derrière les Suisses. Ce vieil capitaine se souvenoit de Dreux et de son peu d'hommes. Ainsi se contenta de resemer son arquebuserie aux endroits les plus cachés du bas et reprendre place plus loin de l'artillerie qu'ils n'avoient fait au commencement. Les catholiques ravisez et rassencez, entretindrent jusques à la nuit une escarmouche froide d'une part et d'autre. »

Le lendemain matin, les deux armées s'étant présentées à la même place, l'Amiral « à qui la demeure en un lieu estoit iminente » fit, après quelques canonnades, filer de longue et mit Montgomery à sa retraite ; de quoi les ennemis s'apperceurent tard, ou furent bien contents de ne s'en appercevoir, laissant aller ceste armée à La Charité où les troupes se refaisoyent, où l'Amiral s'amusoit à faire préparer de l'artillerie, et de meilleur cœur, à rendre tout cela inutile par la négociation de la paix. » Elle fut en effet conclue après un mois de trève.

Nous pensons que René de Valzergues ne se sépara point de ses deux chefs, Vérac et Chouppes, sous lesquels il venait de combattre à Arnay-le-Duc. Le premier, Gabriel de Saint-George, seigneur de Vérac, était le frère de son aïeule maternelle, Florence de Saint-George. Il avait comme son frère, l'abbé de Valence, embrassé la religion protestante, malgré les liens qui devaient l'attacher à la religion catholique et à la cause royale. En 1536, il avait été nommé commissaire du roi pour la convocation du ban et arrière-ban, et servit à celui de 1557 ; et, en 1559, avait signé la réformation de la coutume du Poitou. En 1568, il fit des levées en Languedoc et en Dauphiné pour les religionnaires, reprit l'année suivante son château de Couhé sur les troupes du roi, et nous venons de le voir, menant en 1570 l'avant-garde au combat d'Arnay-le-Duc.

Marié en 1527 avec Anne d'Oyron, il laissa une nombreuse postérité, et fut le trisaïeul d'Olivier de Saint-George, marquis de Vérac, chevalier des ordres du roi en 1689, dont nous avons déjà parlé, et pour qui Saint-Simon est si peu indulgent.

Quant à Pierre de Chouppes, ce fut également comme M. de Vérac, l'un des principaux chefs de l'armée protestante, et plus tard, l'un des favoris du roi Henri IV (1).

De plus, le jeune capitaine Valzergues de Céré comptait dans l'armée des Réformés l'un de ses oncles, René Hélyes, seigneur de la Rochesnard, marié à Anne de Chabanais, sœur de sa mère, et qui est plusieurs fois cité par d'Aubigné (2).

Peu de temps après, René d'Albin de Valzergues reprenait les armes à l'appel de La Noue, du vicomte de Rohan et du prince de Condé : et son nom est de nouveau cité par les historiens de cette époque au sujet du siège de Lusignan, l'un des plus célèbres dans les annales des guerres religieuses « siège fort long et de grand combat » suivant l'expression de Brantôme. Il dura en effet, près de quatre mois. De Thou, d'Aubigné et La Popelinière, de même que le *Journal* de Michel Le Riche, en ont décrit toutes les péripéties.

Le premier de ces auteurs fait une intéressante description de l'antique forteresse, berceau de l'illustre et royale

---

(1) Voy. Beauchet-Filleau, *Dictionnaire des Familles du Poitou. Généalogies de Chouppes et de Saint-George.*

Dans une note de la nouvelle édition de l'*Hist.* de d'Aubigné (t. III p. 175) on dit qu'une partie de la correspondance du maréchal de Cossé avec le roi au sujet du combat d'Arnay-le-Duc est conservée dans le volume 15,551 du fonds français de la Bibliothèque nationale.

(2) René Hélyes de la Rochesnard avait épousé Anne de Chabanais le 9 novembre 1547 ; il devint gentilhomme de la Chambre du Roi et chevalier de son ordre. Il était fils de Bertrand Hélyes, chevalier, seigneur de la Rochesnard, de la maison de Pompadour, et de Claude de Bremond, fille de Jean de Bremond, baron de Balanzac, grand-sénéchal d'Angoumois, chambellan de Louise de Savoie. Claude de Bremond était fille d'honneur et filleule de Claude de France, femme de François Ier ; sa marraine l'avait dotée de mille écus d'or soleil, en la mariant, le 30 juillet 1523, au seigneur de la Rochesnard. Jean Hélyes, comte de la Rochesnard, petit-fils de René et d'Anne de Chabanais, épousa le 5 mars 1628, Jeanne de Rochechouart-Mortemart, dont une nombreuse descendance rapportée dans les pièces fugitives du marquis d'Aubais, à propos des quartiers d'alliance des maréchaux d'Ambres de Lautrec, de Noailles, de Mouchy et de Lévis.

famille de ce nom, monument vénérable qui fut déman-
telé et rasé de fond en comble, sans égards pour les souvenirs légendaires de la fée Mélusine.

Durant ce siège fameux, on eut de nouveaux exemples
de la diversité des opinions entre les plus proches parents.

René de Valzergues se trouva opposé à son beau-frère,
Charles de Bremond, baron d'Ars, lieutenant de la compagnie de Philippe de Volvire, baron de Ruffec, qui com-
battait dans les rangs catholiques sous le duc de Montpensier. Le baron d'Ars fut même grièvement blessé devant
Lusignan, ce qui l'obligea de se retirer momentanément
dans son château d'Ars, d'où il sortait peu d'années après,
pour se joindre à l'armée du duc de Mayenne au siège
de Brouage. Là encore, il devait retrouver le capitaine
Valzergues parmi les principaux chefs des assiégés.

En tête du long chapitre consacré au siège de Lusignan,
D'Aubigné dit « qu'il ne s'amusera pas à l'inutile », c'est-
à-dire à décrire minutieusement l'état des fortifications et
les travaux qu'il fallut exécuter pour les réparer. Nous
ferons de même pour les nombreux incidents de ce siège
que les lecteurs plus curieux trouveront tout au long dans
les historiens déjà cités et dans les Chroniques Fontenaisiennes, le Journal de Généroux, de Michel Le Riche et
l'*Histoire de France* de La Popelinière. Nous reproduirons
seulement ce qui concerne le capitaine Valzergues de
Céré.

Le château de Lusignan, occupé par les troupes du roi
commandées par le duc de Montpensier, avait été surpris
par le capitaine huguenot La Baronnière, le jour du
mardi gras, 24 février 1574, à l'aide d'une fête et d'une
mascarade.

Maîtres de cette place, les protestants commencèrent par
des courses très hardies dans les environs et les poussèrent

avec avantage contre les troupes royales campées non loin de là.

Le vicomte de Rohan se voyant dans Lusignan avec cent-six gentilshommes — dit d'Aubigné — les partagea en quatre compagnies. « Il voulut en commander une pour prendre la part des périls et labeurs » et donna les autres à Saint-Gelais, Valzergues de Séré et Chouppes, gouverneur de la place, et leur assigna à chacune un quartier de la ville à défendre.

Le 26 septembre 1574, arriva l'armée catholique sous les ordres de Puygaillard. Déjà, le capitaine Valzergues s'était signalé par des courses d'une rare et merveilleuse audace.

Ainsi, il s'était avancé jusqu'au bourg de Sevret où étaient deux compagnies de catholiques qu'il en chassa, puis au bourg de Sausay où était logé le duc de Montpensier, et ne craignit pas « de donner dans les rues de ce bourg où furent tuez quelques hommes, et entre autres, un dans le logis du général : ce qui fit réprouver à quelques-uns la coustume glorieuse des François, qui est de ne faire jamais barricades ni retranchemens aux premiers logis qu'on appelle le « quartier du Roi ». Je dis en passant qu'Henri le Grand s'est bien trouvé d'avoir observé autrement ».

Le 7 octobre, eut lieu une vigoureuse sortie des assiégés, et nous voyons Séré accouru avec cinquante arquebusiers au secours du capitaine Terrefort, se jeter sur les deux cents arquebusiers de Puygaillard « qui furent cognez jusqu'au bas du village d'Anjambe. Il fallut que Sarrion (mestre de camp d'un régiment royaliste) y marchast également, enseigne déployée et tambour battant. Mais Séré engagea les siens aux coups d'espée dans la teste de ce régiment ». Il allait être enveloppé, quand Chouppes vint à leur aide « pour desmesler la besongne ». Après un rude effort, les assaillants sont enfin repoussés. Ils perdirent quatre-vingts bons soldats et les assiégés six seulement qui valaient bien ces quatre-vingts, ajoute d'Aubigné.

Quelque temps après, le 15 octobre, l'artillerie des royalistes commença à battre les murs de la ville et fit une brèche où Chouppes et Seré se jetèrent et empêchèrent l'assaut de ce côté-là. L'artillerie changea alors ses batteries, et ses vingt canons ouvrirent deux autres brèches. On tira ce jour-là, dit Thou, plus de douze cent cinquante coups de canon.

A la fin d'octobre, il y eut une nouvelle sortie au point du jour. On fit d'abord sortir deux troupes de chacune douze ou quinze chevaux : l'une pour Chouppes, et l'autre pour Seré ; et puis deux cents arquebusiers menés par les capitaines Terrefort et Dubien, et à l'arrière-garde, Saint-Gelais menait trente chevaux et quatre-vingts arquebusiers près d'eux. Terrefort en doublant le pas se va jeter en la tranchée des cinq canons ; Seré donne à gauche au corps de garde des gens de cheval qui étaient sous les armes ayant entendu passer l'eau.

Cependant, ils prirent la fuite malgré les efforts de La Hunaudaye pour les rallier. Enfin, cent picques et deux cents arquebusiers se réunirent pour résister à l'attaque des assiégés, mais ils furent mis en déroute par les petites troupes de Chouppes, de Seré et de Saint-Gelais, et Terrefort défit tout ce qui était de garde aux tranchées. Maîtres de ce camp, les quatre capitaines « allèrent tuant jusques à la veue de Jazeneuil, où estoit le duc de Montpensier ».

Voici comment de Thou rapporte le combat du 18 novembre, où l'effort des troupes royales se fit contre le quartier de la Vacherie que le capitaine Valzergues de

Seré avait été chargé de défendre : « Le 12 novembre, l'artillerie recommença à tirer contre le ravelin de la Vacherie, le fort des Dames et les murailles de la ville de ce côté-là ; dix-huit gros canons et quatre coulevrines, tirèrent seise cent trente-quatre coups. On n'en vint cependant pas encore à l'assaut. Le lendemain, les batteries recommencèrent dès le grand matin, et achevèrent de ruiner les fortifications de la place. Pendant ce temps-là les troupes du Roi, partagées en trois corps, étoient en batailles, prêtes à aller à l'attaque.

Le signal fut donné vers le midi, et toute l'armée royale assaillit la ville de trois côtés. Le plus grand effort fut au ravelin de la Vacherie ; il étoit défendu par René de Valzergues, sieur Seré.

Jean de Léaumont de Puygaillard, René de Rochechouart de Mortemart et Jean de Coësme de Lucé, à la tête de leurs troupes y montèrent impétueusement. On se battit long-tems de part et d'autre avec une égale opiniâtreté. Déjà les catholiques s'étoient rendus maîtres de la brèche ; déjà les assiégés se voyoient sur le point d'être enveloppés par le grand nombre des royalistes, qui augmentoient de moment en moment et qui travailloient à enfoncer la porte du château à coups de hallebardes, tandis que ceux de la ville, que le canon de l'armée du Roi incommodait, faisoient du fond du ravelin, où ils s'étoient retirés, un feu continuel sur eux ; lorsqu'une partie de la muraille qui soutenoit le portique, dont nous avons parlé, ébranlée par le canon, s'écroula subitement, et ensevelit une grande partie des assaillants sous ses ruines.

« On se battit jusqu'au soir avec acharnement, nous dit de Thou. Enfin les assiégeans furent obligés de se retirer avec perte. Les morts restèrent ensevelis dans les ruines de la muraille. Bussy d'Amboise fut lui-même blessé à cette attaque, où il fit fort bien son devoir. La perte fut plus grande du côté des assiégés ; ils eurent sept de leurs principaux officiers de tués, entre autres le brave Chaillou, qui eut la jambe emportée d'un boulet de canon, et René de Sainte-Marthe de Châteauneuf (1). Quelques jours après, les assiégés firent une sortie pendant la nuit, où ils emportèrent le retranchement que les assiégeans avoient fait dans le verger, passèrent au fil de l'épée tout ce qui se présenta, mirent le feu aux poudres, et rentrèrent dans la ville chargés de butin. Ils enclouèrent aussi sept canons.

« Il n'y avoit qu'un petit abri de muraille en triangle, là où se pouvoient cacher trente hommes. Tous vouloient quitter en emportant Le Chaillou blessé, qu'y commandoit : quand Séré, Tiphardière et après eux Chouppes y coururent, sur le poinct que Bussy faisoit bransler ses enseignes pour donner après la volée qu'on tire avant que les assaillans soyent aux mains. Bussy, bien suivi des meilleurs capitaines et soldats de France, monte et ceux qui estoient cachez dans le coin arrivèrent ensemble sur le dos de la ruine ; et à l'instant il se descouvre un flanc où douze ou quinze arquebusiers pouvoient tirer à la fois,

***

(1) Bussy d'Amboise était J. de Clermont d'Amboise, seigneur de Bussy. René de Sainte-Marthe, seigneur de Châteauneuf, « littérateur, savant et philosophe » et l'un des personnages distingués de la petite cour de la Reine de Navarre, comme nous le voyons dans le récent et remarquable ouvrage qu'un écrivain aussi consciencieux qu'élégant érudit, M. Paul de Longuemare, a publié sur l'histoire de l'illustre maison des Sainte-Marthe, avec le concours de M. le baron Hulot de Collart de Saint-Marthe qui a mis ses précieuses archives à sa disposition en sa qualité de descendant et représentant de cette famille d'auteurs dont s'honore la province de Poitou. Voy. *Une famille d'Auteurs aux XVIe, XVIIe et XVIIIe siecles. Les Sainte-Marthe*. (Paris, Alphonse Picard et fils. — 1902.) Cette intéressante étude historique et littéraire est ornée de la reproduction des beaux portraits gravés des plus célèbres personnages de ce nom.

et qu'on avoit tout fermé pour devoir au besoin. C'est de là que fut le principal dommage des assiégeants. Bussy en fut blessé, et en deux heures de combat plus de six vingts hommes de morts, et du dedans Chaillou, qui commandoit ce jour-là à la Vacherie, et ne s'estant pas voulu retirer pour sa première blessure, fut tué » (1).

Cet accident rendit inutiles tous les efforts des royalistes qui combattirent avec vigueur depuis midi, jusqu'à revenir plusieurs fois à la charge. Mais sur le soir, ils ne firent plus que se battre en retraite, et se retirèrent à leur camp en faisant bonne contenance. Ils laissèrent plusieurs morts et plusieurs blessés ; du nombre de ces derniers fut le seigneur de Lucé, qui mourut peu d'heures après de sa blessure. Par sa mort il laissa de grands biens dans le Mans à Jeanne de Lucé sa sœur, qui venoit d'être promise à Louis, comte de Montafié, seigneur piémontais. Elle épousa depuis le prince François de Bourbon, de l'illustre maison de Conty (2). Le lendemain, le capitaine Terrefort mourut d'une pleurésie, regretté de tout son parti.

(1) d'Aubigné : Liv. VII, chap. XIII.

(2) Jean de Coesme ou Couesmes, baron de Lucé, était assez proche parent de René d'Albin de Valzergues. Jean de Chabanais, bisaïeul de celui-ci, avait épousé en Anjou, vers 1470, Anne Bouher, fille de Geoffroy, chevalier, seigneur de la Frogerie, et de Guillemine Turpin de Crissé, sœur de Jeanne Turpin de Crissé, femme de François de Coesme, baron de Lucé. Ces deux sœurs étaient petites-filles de Lancelot Turpin de Crissé, chambellan des rois Charles V et Charles VI, et de Denise de Montmorency, fille de Charles de Montmorency, seigneur de Damville et d'Ecouen, maréchal de France.

Ce Jean de Chabanais, grand-père de Mme de Valzergues, possédait plusieurs terres en Anjou, du chef de sa femme. C'est pourquoi nous le voyons tester à Angers, le 24 avril 1493, fixant sa sépulture aux Cordeliers de cette ville, chapelle de Saint-François.

Jeanne de Coesme avait eu, de son mariage avec Louis de Montafié, une fille, Anne, comtesse de Montafié, mariée deux fois : d'abord, à Charles de Bourbon, comte de Soissons ; ensuite à François de Bourbon, prince de Conti. Elle n'eut d'enfants que du premier mariage, entre

Depuis ce jour-là, les troupes du Roi se contentèrent de faire un logement au fort des Dames, et un autre au pied de la tour Poitevine.

Cependant l'artillerie recommença à battre la ville. La garnison étoit réduite à quatre cent cinquante arquebusiers, et il n'y avoit pas plus de quatre-vingts gendarmes dans la place. Mais tous étoient résolus à se défendre jusqu'à la dernière extrémité ».

Malgré cela, on reprit les négociations commencées par Puygaillard et Serrion, mestre de camp, avec les assiégés et par l'entremise des sieurs de Milly et de La Hunaudaye.

Les conventions les plus honorables pour les assiégés furent enfin établies et ratifiées le 25 janvier. Les Protestants perdirent à ce siège deux cents hommes de troupes réglées, et vingt-cinq gentilshommes.

Les derniers jours de novembre se passèrent sans grands combats, mais l'armée royale ayant été grossie de six cents hommes et de douze cents reitres, le duc de Montpensier serra la place de plus près, résolu de l'avoir par la famine. Le 22 novembre l'artillerie recommença à tirer contre le ravelin de la Vacherie.

Les combats se renouvelèrent le mois suivant et au commencement de janvier, c'est alors que les pourparlers en vue de la capitulation recommencèrent, et que les

autres : Louis de Bourbon, comte de Soissons, tué à la bataille de la Marfée en 1641 ; Louise de Bourbon, duchesse de Longueville, et Marie de Bourbon, femme en 1625 de Thomas-François de Savoie, prince de Carignan, qui fut l'aïeul du célèbre prince Eugène, mort en 1736.

Jean et Jeanne de Coesme. cousins de René d'Albin de Valzergues, étaient enfants de Louis de Coesme, baron de Lucé et de Bonnétable, et d'Anne de Pisseleu, comtesse d'Heilly et de Jouy, qui lui avait apporté des biens considérables.

On voit que de Thou a confondu les alliances contractées par Jeanne de Coesme et Anne de Montafié, sa fille.

assiégés obtinrent enfin de sortir avec les honneurs de la guerre d'une place si vaillamment défendue.

Le mérite de cette longue résistance des assiégés revenait tout entière à leurs intrépides et vaillants chefs au premier rang desquels on doit certainement nommer le jeune et courageux capitaine Valzergues de Séré ; et, si l'on finit par capituler, c'est qu'il était impossible de faire autrement on en peut juger par le tableau que de Thou fait de la situation de la ville de Lusignan après quatre mois de luttes continuelles.

« On étoit réduit dans la ville aux plus dures extrémités. L'hyver étoit extraordinairement rude. Les soldats étoient tous nus ; ils n'avoient même pas de souliers. D'ailleurs, les vivres manquoient dans la place. La garnison ne vivoit plus que de chats, de rats et de la chair des chevaux que les soldats alloient voler la nuit. Ils entroient même jusque dans les maisons bourgeoises, d'où ils enlevoient tout ce qu'ils trouvoient à leur bienséance. Cette nécessité rendoit les troupes à charge aux habitans, et moins dociles à l'ordre de leurs officiers. La disette devint encore plus grande ; le canon de l'armée royale avoit abattu les moulins à eau et les moulins à bras ne pouvoient fournir la farine suffisante pour nourrir tant de monde, etc. »

D'Aubigné qui rapporte les mêmes faits donne de bien plus grands détails sur tout ce qui précéda la capitulation définitive. Nous ferons remarquer qu'il dit que Séré fut fait prisonnier ; de Thou, dit seulement qu'il fut « accablé » par le nombre des assaillants dans ce rude combat du 13 novembre. Nous y renvoyons le lecteur.

Il est probable que dans les articles de la capitulation signée le 25 janvier, il fut convenu que l'échange des prisonniers aurait lieu, et c'est ainsi que le capitaine

Valzergues de Céré fut rendu à la liberté, et qu'il en profita pour retourner auprès du prince de Condé à La Rochelle puisque nous allons le retrouver quelques mois après au siège de Marans.

Le duc de Mayenne venait de reprendre la campagne contre les Calvinistes avec toutes ses forces, il prit successivement Merpins, Bouteville, passa la Charente à Taillebourg, assiégea et prit Tonnay-Charente (25 avril) et la ville de Rochefort. Le prince de Condé était dans un grand embarras, tout annonçait la ruine prochaine de son parti en Saintonge. De son côté, Mayenne quittait Rochefort pour gagner la Sèvre et investir le château de Marans où le capitaine La Popelinière était enfermé avec deux cents hommes de pied et quarante arquebusiers à cheval. Cette garnison si faible, mais courageuse et forte de l'habileté de son chef, avait soutenu, tout l'hiver et dans une mauvaise place, les attaques réitérées des catholiques de Fontenay et de Niort. Lorsque le prince de Condé vit l'armée royale arrivée à Saint-Jean-de-Liversay, il envoya au secours de Marans le capitaine Valzergues de Céré avec vingt gentilshommes et deux cents arquebusiers (1). La Popelinière, enhardi par ce renfort, se prépara à bien recevoir l'ennemi. Il fit entrer des vivres et des munitions dans la place, fortifia le bourg de Marans, profitant habilement de la disposition des lieux, coupés de ruisseaux et

(1) Avant de se renfermer à Marans, Valzergues de Céré s'était rencontré avec un corps de troupe royaliste commandée par Chasteigner de la Rocheposay et l'avait combattu avec avantage.

Nous lisons dans le *Journal* de Guillaume et Michel Le Riche, avocats à Saint-Maixent (1534-1586) publié par M. de la Fontenelle de Vaudoré : « XXIV. — Avril 1577. Le mercredi 17, le bruit fut à Poitiers que le sieur de Céré, huguenot, avoit défait la compagnie du sieur de la Rocheposay. » Le siège de Marans ne commença que le 6 mai 1577, jour où la ville fut investie par le duc de Mayenne.

entourés de marais, et fit même réparer les murs du château, ruinés en plusieurs endroits. Decidé à défendre son
poste jusqu'à la mort, il fit jurer à ses lieutenants et
soldats de périr tous plutôt que de consentir à rendre
la place.

Le comte du Lude et Philippe de Châteaubriand des
Roches-Baritault qui commandaient l'avant-garde catholique, s'étant emparé des gués de Velluire et de Langon,
frayèrent le chemin au gros de l'armée qui les suivait de
près. Le duc de Mayenne concentrant alors ses forces,
s'apprêtait à investir le château de Marans. Mais déjà ses
rapides succès avaient frappé de terreur les gens de La
Popelinière et ils évacuèrent la place sans attendre
l'ennemi malgré les efforts de leur chef pour les retenir,
qui fut lui-même entraîné à les suivre pour ne pas demeurer
seul dans le château. Les bourgeois de Marans, plus courageux, se défendirent, mais leur résistance fut inutile.
Mayenne ayant pris possession de la place y mit une
bonne garnison sous le commandement de Jean de Châteaubriand, frère de Roches-Baritault.

La perte de Marans affecta beaucoup les Rochelais qui
tiraient de ce bourg tout leur approvisionnement. Ils
refusèrent leurs portes aux officiers et soldats qui avaient
livré une place aussi importante. Il n'y eut d'exception
que pour La Popelinière. Mais ce capitaine parla en termes
si peu mesurés de ses lieutenants que Valzergues de Céré,
l'un de ces derniers, outré de tant d'injustes reproches,
l'appela en duel et lui porta un coup d'épée. C'est d'Aubigné qui nous apprend ce dernier fait du capitaine Valzergues de Ceré, car de Thou n'en disait rien. Voici
comment il en rend compte :

« Il arriva de cela que La Popelinière, estant de retour
à La Rochelle, conta au despens de tous comment il vou-.

loit tenir le chasteau si on ne l'eust abandonné. Séré, de qui le cœur ne pouvoit rien souffrir, lui donna pour cela un coup d'épée ; ce qui mit la ville en telle fureur qu'estans courus aux armes, ils assiégèrent le prince (de Condé) en son logis, et y eust en pis si les dangers proches qui les menaçoyent n'eussent apporté de l'eau dans leur vin » (1).

Maître de l'île de Marans, le duc de Mayenne rallia ses compagnies dispersées et marcha vers La Rochelle, précédé de son artillerie, et attaqua les faubourgs de la ville : en même temps un engagement avait lieu en avant du village de La Font occupé par les capitaines Clermont d'Amboise, Saint-Gelais et Valzergues de Séré avec chacun quinze à vingt gentilshommes : engagement qui dura deux heures avec les royalistes en nombre très supérieur. Les trois hardis capitaines suivis de leur petite troupe, se montrant tout à coup par trois issues différentes, arrêtèrent seuls les catholiques qui, n'imaginant pas que ce village fut aussi faiblement gardé, n'osèrent s'y engager davantage.

« L'escarmouche dura trois heures, dit d'Aubigné, durant lesquelles il fut deux fois délibéré de donner dans La Fonds. Ce dessein estant rompu deux fois, le duc (de Mayenne), avant sa retraicte, envoya un trompette demander, de sa part et d'autres seigneurs, le coup de lance pour la maistresse. Tout cela offert et accepté en paroles seulement. Toutesfois ce prince vouloit mettre bas sa qualité, sans l'empeschement des siens. »

Il partit de Nuaillé le 12 mai pour rafraîchir ses troupes en Poitou et attendre les résulats de la paix qui devait se traiter à Bergerac, mais qui fut sans résultat.

René de Valzergues se trouvait donc encore à La Ro-

(1) D'Aubigné, t. v, liv. VIII, p. 216 et suiv. ; — *Chroniques Fontenaisiennes*.

chelle au mois de juin 1577, auprès du prince de Condé, quand celui-ci résolut d'envoyer un secours à la ville de Brouage, assiégée par le duc de Mayenne.

« Le prince — dit d'Aubigné — ne laissa pas de jetter dans le siège douze cents hommes en quinze compagnies. Le duc de Rohan y envoya quarante gentilshommes des siens ; le prince de Condé, quelque peu de sa maison et cela eut pour chef Seré, que nous avons déjà faist co gnoistre ».

René de Valzergues sortit de La Rochelle accompagné de son ami le capitaine Laurent de Magny, seigneur de Maninville qui, plus tard, devait jouer un certain rôle dans les négociations avec Philippe Strozzi, pour la reddition de Brouage.

« En arrivant dans la ville (le 26 juin), il (Seré) se fit bailler des chaluppes, et avec cinquante de ses gentils-hommes et soixante arquebusiers volontaires qui l'avoient accompagné, il se fait mener jusques au-dessous de Saint-Just, où estoient logées les compagnies de Sensac et du chevalier de Batteresse, qu'ils deffirent ; le lieutenant de Sensac tué. S'estant peu reposé, il en fit autant à Saint-Aignan, où l'eschec tomba sur des prévosts mal menez. Ils gardèrent prisonniers les trois commissaires de la cour envoyer de Paris pour rendre les biens des refformez. Ceux-là ne se trouvèrent pas bons marchands. Le duc de Mayenne se logea à la Guillotière, au-dessus du bois d'Yers, d'où il voyoit tout ce qui se faisoit au camp et en la ville, etc. »

Après ce hardi coup de main, le capitaine Valzergues de Séré revient à Brouage et prend une part active à toutes les opérations de ce siège mémorable dont les historiens ont rapporté tout au long les nombreux incidents inutiles à reproduire ici.

Nous arriverons simplement au récit des derniers jours du siège et de la mort du jeune héros qui nous intéresse, en continuant à donner des extraits de l'histoire de Jacques de Thou et de celle de d'Aubigné.

« Cependant — nous dit le premier — les provisions diminuaient extrêmement dans la ville, les soldats de la garnison commençaient à se décourager, déjà même les officiers et la Noblesse murmuraient assez hautement. Néanmoins Manducage, tout malade qu'il était de sa blessure, tâchait encore de les animer par l'espérance des secours que le prince de Condé leur avait promis ; lorsque Valzergues, sieur de Séré, qui depuis peu de jours était sorti de la Rochelle avec le sieur de Maninville, et était venu se jeter dans la place, s'adressant à ce brave homme : « Eh bien, que deviendrons-nous, — lui dit-il — après « que nous serons restés les bras croisés à consumer le « peu de provisions qui nous reste ? Affaiblis par les « veilles et les blessures, découragés par des longueurs « auxquelles on ne voit point de fin, quel parti serons- « nous en état de prendre ? Voudriez-vous nous être cau- « tion, vous, que ces secours si longtemps promis ne nous « manqueront point, que nous verrons arriver ces convois « que vous voulez nous faire attendre ? Ne savez-vous « pas, au contraire, que ce n'est qu'un artifice dont on se « sert pour ranimer notre patience ? Qu'attendons-nous « donc ? Que la faim et la soif — car l'eau commence à « nous manquer — nous livrent pieds et poings liés à nos « ennemis pour devenir le jouet de leur fureur ? Que ne « prenons-nous bien plutôt une résolution digne du nom « François et de la cause que nous défendons ? Que n'o- « sons-nous éloigner de nos têtes la mort certaine qui « nous menace ?

« Telle fut autrefois l'unique ressource des Rochelois

« réduits aux mêmes extrémités auxquelles nous nous
« voyons exposés aujourd'hui. Une sortie vigoureuse
« chassa l'ennemi de leurs portes, traîna le siège de la
« ville en longueur, et leur assura enfin leur liberté.

« J'ose le dire, et toute cette généreuse Noblesse, tant
« de braves soldats qui combattent avec nous, n'auront
« garde de me désavouer ; nous sommes encore animés
« du même courage et du même esprit. Qu'on nous per-
« mette seulement d'aller à l'enemi ; je crois pouvoir me
« promettre le même succès. »

« Tous ceux qui étaient présents — ajoute de Thou —
applaudirent à ce discours et marquèrent par un murmure
confus qu'ils étaient dans la même résolution. Manducage
lui-même, tout éloigné qu'il était d'approuver un pareil
dessein, ne s'y opposa pas absolument ».

D'après d'Aubigné, le capitaine Valzergues de Séré s'a-
dressa encore à ses autres compagnons d'armes et leur
tint l'énergique discours suivant qui devait assurément
vaincre toute hésitation : nous conservons l'orthographe
du vieil historien, ce qui peint encore plus fidèlement la
vérité des sentiments du vaillant capitaine.

« Et pourtant Seré, après plusieurs avis de part et d'autre, accompagnant ses propos d'une haute et brave conte
nance, parla ainsi :

« Il n'y a celui de vous, Compagnons, qui ne sçache en
quel estat nous sommes de nos vivres et munitions. Je
crois que tous les vaillans hommes que j'ai vus en besogne
en ce lieu, il n'y en a pas un qui n'aime mieux mourir à
coups d'espée que de faim, et dans les tranchées des ennemis qu'à un gibet, ou languir, par courtoisie, à une cadène
(chaîne). Vous sçavez que ces jours, un forçat a couppé sa
jambe avec un petit cousteau, ayant esté trois heures à
scier sans que ses compagnons de son banc l'ayent ouï

plaindre. Fuyons la discrétion de nos ennemis par autant de courage et moindre douleur que le pauvre forçat. Voilà le pis, que nous mourrions eschauffez aux coups d'epée ; et le mieux, estant en la main de Dieu, qui se trouvera en personne en la bande qui maintient son nom. Les Rochelois, au mesme estat où nous sommes, firent la grande sortie en laquelle, aprés avoir destruict grand nombre de leurs ennemis, mirent telle peur au ventre du reste, qu'ils furent bien aises d'achever la besogne par une glorieuse capitulation. Ceux qui firent ceste sortie et qui en beurent le premier péril sont en cette compagnie : ils ne seront pas plus lasches à ce besoin et Dieu nous favorisera ».

On fit ensuite choix de tout ce qu'il y avait de plus brave parmi la Noblesse et les habitants des Isles (Oleron, Arvert Marennes). On leur donna à tous des chemises blanches pour mettre par dessus leurs armes, et ils se tinrent prêts à marcher sous les ordres de Séré ; car il se chargea lui-même de cette expédition, contre l'avis de Manducage qui voulait en donner la conduite à Philippe de la Fin, seigneur de Saligny, et Beauvais La Nocle, mais Séré réclama hautement l'honneur de commander la sortie, et le commandement lui fut déféré par acclamation.

« Ce fut par le grand bastion que Séré sortit de la place le 3 août 1577, à la tête d'un escadron de cuirassiers et de quelques arquebusiers, et il donna l'épée à la main sur les royalistes avec tant de vigueur, qu'il les mit d'abord en déroute. Il avait même franchi le retranchement, croyant être suivi de ses arquebusiers, lorsque la chaleur du combat l'ayant porté dans un gros de Suisses, il s'y vit investi, éloigné de ses gens, et fut taillé en pièces avec la plus grande partie de ceux qui l'accompagnaient. »

D'Aubigné nous donne un récit plus complet de la mort héroïque de Valzergues de Seré. Après avoir rapporté le discours du jeune et hardi capitaine, il continue son récit en ces termes :

« Ce discours approuvé de tous, ils (les assiégés) résolvent que Seré sortiroit par le ravelin de la porte, avec chemises blanches, pour enfiler les tranchées, et que, sous la faveur d'un bon succès, le sergent-major, avec une autre bande, iroit brusler le cavalier et enclouer les pièces.

La prière estant faicte dans le ravelin, Séré faict abattre quelques gabions qui le fermoyent, donne premièrement avec trente cuirasses et six vingts arquebuziers choisis. Les compagnies des gardes se mirent au commencement en tout devoir et défense, mais ayant à faire à des résolus qui les percèrent, toute la tranchée s'ébranla en fuite, si bien que plus de mil hommes gagnèrent le bourg d'Yers (1) Séré ne voulant point prendre haleine qu'il ne fust au bout des tranchées, la pluspart des fuyards qui s'estoyent jettez dans les sables de main droite le recognurent. Quelques gentilshommes après, et puis Puygaillard, sauté sur un courtaud (petit cheval) en rallièrent quatre ou cinq cents auprès des Suisses, et cela prit le chemin de la tranchée, allant droit là où Séré, qui n'estoit suivi que de fort peu, se retiroit, mais trop tard, ayant mesprisé l'advis de ceux qui lui crièrent plusieurs fois : « Regardez qui vous suit. »

« D'ailleurs, il sortoit d'une grande maladie qui l'avoit affaibli. Le voyant pressé par les Suisses et n'ayant plus d'haleine, il retourne lui dixièsme aux coups d'hallebarde ; cela enveloppé par ceux qui sautoyent la tranchée entre la porte et eux.

« Ainsi fut tué Séré, avec dix hommes de valeur autour de lui. Encor, estant prest de rendre le dernier soupir, il

_____

(1) Hiers-Brouage, à trois kilomètres de l'Océan.

donne son gand sanglant à un soldat pour le porter à sa sœur avec charge de lui dire que son frère estoit mort comme il appartenoit aux Serez, pour Dieu et en se souvenant de sa sœur. Elle receut ce présent comme une des plus parfaites et excellentes damoiselles de son temps; ce qui bien paié au soldat a esté gardé par elle entre ses plus précieux joyaux » (1).

Les principaux officiers qui furent tués aux côtés de Valzergues de Seré furent, d'après de Thou : Frédéric de Hangest d'Argenlieu, les seigneurs de Combles, de Beaulieu, de La Gorce, La Pille et Jean Simon. Les trois derniers étaient de Marennes. « Tous estimés dans le parti pour leur bravoure. »

« Le Sergent-Major, ajoute d'Aubigné, ne fit pas comme Seré, mais tastant mollement la tranchée de main droicte, fut facilement arresté et renvoyé vers la porte de la ville. Cela faict, toute la garnison demeura fort abatue de courage. Ceste grande consternation ne put estre guérie par les lettres consolatoires du prince de Condé, lesquelles atténuoyent, comme il se pouvoit, les pertes des navires et les triomphes des ennemis. »

Les assiégeants avaient perdu en cette journée cent soixante de leurs principaux officiers et soldats.

Le capitaine Valzergues de Seré fut remplacé par un autre officier nommé Beauvais-Montfermier. « Il fut esleu, dit d'Aubigné, pour avoir bien faict à la sortie, et eut charge de soulager Manducage, que sa dernière playe tenoit au lict. »

La mort de l'un de leurs plus intrépides chef acheva de décourager les assiégés : ils résoluent dès lors d'entamer des négociations avec les assiégeants.

(1) *Hist. univ.* t, v, p. 284.

On écrivit au prince de Condé à la Rochelle le menaçant des reproches que lui et ses amis auraient bientôt de la part de trois cents femmes veuves et orphelins. »

« Ces lettres, raconte d'Aubigné, furent envoyées dans des boîtes goudronnées, portées par un garçon de dix-huit ans, qui nageoit de l'eschine cinq lieues quand il vouloit. »

Bref, des pourparlers eurent lieu entre Philippe Strozzi et Puygaillard avec La Vallée et Maninville (l'ancien ami de Séré), et, peu après, les assiégés envoyèrent trois députés au prince de Condé, pour s'entendre sur les conditions de la capitulation qui furent faites aux meilleures conditions possibles, et fidèlement remplies par le duc de Mayenne.

Les assiégés purent librement sortir de Brouage le 21 août 1577, après avoir opposé la plus courageuse résistance aux forces bien supérieures du duc de Mayenne, qui les pressaient par terre et par mer, sans pouvoir espérer de secours.

Nous ne savons pas à laquelle de ses sœurs René d'Albin de Valzergues, avant de rendre le dernier soupir, fit remettre son gantelet ensanglanté par l'un de ses fidèles soldats ; mais il est à présumer que ce fut à sa sœur aînée la baronne d'Ars dont la demeure était la plus rapprochée de Brouage. Ses autres sœurs n'étant pas encore mariées devaient toujours demeurer au château de Céré en Berry ; d'autant mieux que Louise d'Albin de Valzergues, bien que mariée à l'un des chefs du parti catholique, passa pour être secrètement attachée à la religion de sa mère, Renée de Chabanais.

Un savant historien allemand, Laurent Surius, religieux de la Chartreuse de Cologne, né en 1522 et mort en 1578, dans une histoire universelle de son temps, composée en latin, a résumé ainsi la fin du siège de Brouage, événement considérable de cette époque des guerres religieuses en France, et il n'oublie pas de signaler la mort du capitaine Valzergues de Céré, l'héroïque défenseur de cette place qui résista si vaillamment à des forces bien supérieures pendant plus de deux mois.

Voici un court résumé de son récit :

« Ceux qui estoient dans Brouage commencèrent à désespérer de pouvoir estre secourus par mer, et n'avoient gueres plus d'espérance de le pouvoir estre par Monsieur le Prince de Condé qui estoit lors à La Rochelle, n'ayant gueres de forces pour tenir la campaigne : ne mesme par le Roy de Navarre qui avoit assez d'affaire à pourvoir à ses affaires en Gascoigne, veu le bon et heureux succez qu'y prenoient celles du Roy, conduites par Monsieur l'Admiral de Villiers qui prenoit tous les jours quelque petite place sur les Réformés.

« D'ailleurs, ils perdirent bien tost après le sieur de Séré, jeune gentilhomme de grand cœur, en qui ils avoient beaucoup d'appuy ; et avec ce, un nommé Manducage, natif de Normandie, comme on dict, fut bleçé dangereusement, avec quelques autres, dont ils commencèrent à perdre courage. Ils entendirent néanmoins à composition, et rendirent enfin cette place entre les mains du duc du Maine, ayant soutenu le siège plus de deux mois. Et incontinent après fut conclue et arrestée la paix, laquelle a esté entretenue depuis au contentement de plusieurs ; et Dieu vueille qu'elle puisse estre et durer en l'honneur de Dieu et du repos de ce Royaume » (1).

(1) Laurent Surius, *Histoire du Monde depuis l'an 1500*, traduction de Jacques Estourneau, Saintongeois, édition 1578, p. 468.

XII

VIII. — Louise d'ALBIN de VALZERGUES de CÉRE devint, comme fille aînée — ses frères étant morts sans alliance — héritière des maisons d'Albin de Valzergues (branche de Céré) et de Chabanais (des anciens princes de la première race). Elle avait épousé par contrat du 8 mai 1559, passé au château de Comporté-sur-Charente, près Civray, du consentement de son aïeul maternel, Jean de Chabanais, et de sa mère, alors veuve de Louis d'Albin de Valzergues :

CHARLES DE BREMOND D'ARS, chevalier, seigneur et baron d'Ars, seigneur de Gimeux, de la Mothe-Meursac, de Tesson, chevalier de l'Ordre du Roi, gentilhomme de la Chambre, successivement chambellan des rois Charles IX, Henri III et Henri IV, capitaine de Cinquante Hommes d'Ordonnance du Roi, lieutenant-général commandant pour Sa Majesté les provinces d'Angoumois, Saintonge et Aunis, gouverneur des ville et château de la Rochelle, etc., fils de François de Bremond d'Ars et d'Antoinette de Saint-Mauris.

A ce contrat figurent d'abord Jean de Chabanais et Renée de Chabanais, l'aïeul et la mère de la future, puis René Hélyes de la Rochesnard, époux d'Anne de Chabanais, dont nous avons parlé, Jean de Jousserand, chevalier, seigneur de Layré, François de Marquays, seigneur de la Brousse, et Nicolas de la Grave ; il est dit dans ce contrat que Louise d'Albin de Valzergues résidait alors habituellement avec sa mère au château de Céré en Berry. Ce fut son grand-père Jean de Chabanais qui avait ainsi voulu que le contrat de sa petite-fille se passât chez lui en son château de Comporté-sur-Charente, paroisse de Saint-Macoux près de Civray ; ledit contrat est signé de S. Rouyer, notaire à Civray, et de P. Rouyer pour la Cour de Rochemeaux.

La baronne d'Ars mourut en 1587 : et le 4 novembre de cette même année, son mari, comme ayant la garde noble de ses enfants depuis la mort de leur mère, donnait procuration à M° Pierre Duboys, procureur du roi à Montrichard, pour le représenter dans un procès avec les seigneurs de Chaumont, et aussi, pour renouveler les foi et hommage dus au roi pour raison de sa châtellenie du Chastellier relevant du château de Montrichard, ainsi que des seigneuries de Razay, de Launay et de Paray (1). Charles de Bremond d'Ars avait précédemment fait hommage du Chastellier au Roi, le 21 septembre 1577, (après la mort de son beau-frère, René d'Albin de Valzergues, tué à Brouage et avait rendu le même hommage, le 5 mai 1581, au duc d'Alençon, frère d'Henri III.

Louise d'Albin de Valzergues, avons-nous dit, fut toujours secrètement attachée au parti de ses parents maternels et constamment dévouée à son jeune frère René d'Albin de Valzergues, l'héroïque défenseur de Brouage qui, en mourant lui envoyait sa dernière pensée. Agrippa d'Aubigné, dans son *Histoire Universelle*, lui décerne un éloge peu commun en la déclarant « l'une des plus parfaites et excellentes damoiselles de son temps ».

C'est dans ce même sentiment que la baronne d'Ars avait choisi pour son fils le nom de Josias, nom fort en vogue alors parmi la noblesse de Saintonge et d'Angoumois comme tous les autres noms bibliques. Elle apportait à

(1) Ces diverses seigneuries furent ensuite vendues par le baron d'Ars à la famille Dupré. Geneviève Dupré et son mari Pierre de Brilhac, maire de Poitiers, les vendirent à leur tour en 1606 à la famille de Thienne qui les posséda jusqu'à la Révolution.

son mari, non seulement de belles alliance, mais encore un riche héritage comprenant entre autres possessions seigneuriales le Chastellier en Touraine, une partie des seigneuries de Comporté-sur-Charente et de Céré en Berry.

Nous ignorons l'époque de sa mort. Mais nous voyons son mari prendre une seconde alliance trente ans après son premier mariage et n'étant plus lui-même très jeune. Le 1er février 1589, Charles de Bremond d'Ars épousait Jeanne Bouchard d'Aubeterre, veuve de Louis de la Rochefoucauld, comte de Roissac. et fille de Jean Bouchard d'Aubeterre, seigneur de Saint-Martin-de-la Coudre, et de Jeanne Hamon, celle-ci fille de François Hamon, vice-amiral de Bretagne, tué en 1512 à la bataille de Ravenne, et de Renée de Surgères.

. Le baron d'Ars n'eut point d'enfants de ce second mariage, et mourut en son château d'Ars en 1599, entouré — disent tous les historiens — de l'estime et du respect de ses contemporains (1).

Jeanne Bouchard d'Aubeterre prit une troisième alliance, peu de temps après la mort du baron d'Ars ; elle épousa Jacques de Pons, baron de Mirambeau, marquis de la Caze.

Elle était, comme Louise d'Albin de Valzergues, d'une famille aussi distinguée par son ancienneté que par ses alliances. Robinette Hamon, sa cousine-germaine, mariée à Claude de Maillé, seigneur de Brézé, fut l'aïeule d'Urbain de Maillé-Brézé, maréchal de France, père de Clémence de Maillé, princesse de Condé.

Son bisaïeul paternel Louis Bouchard d'Aubeterre, était fils de Savary Bouchard, vicomte d'Aubeterre, seigneur de Pauléon, d'Ozillac, etc. et de Marguerite de

(1) Parmi les ouvrages modernes, voy. : Biogr. Saintongeaise ; la Grande Encyclopédie ; — *Dictionnaire de Larousse* ; — B. Filleau ; etc.

Montberon, fille de Jacques de Montberon, maréchal de France en 1420, et de Marie de Maulevrier. L'un de ses cousins germains, David Bouchard, dernier vicomte d'Aubeterre, chevalier des ordres du Roi, ne laissa qu'une fille, mariée à François d'Esparbez de Lussan, maréchal de France, dont les descendants relevèrent le nom de Bouchard d'Aubeterre. Antoinette Bouchard d'Aubeterre, l'une des tantes de la baronne d'Ars, femme de Jean de Parthenay, prince de Soubise, fut la mère de la célèbre Catherine de Parthenay, vicomtesse de Rohan.

Enfin, par son aïeule maternelle Renée de Surgères, Mme d'Ars n'était pas moins bien apparentée comme on peut le voir par la généalogie de ces différentes familles (1).

Louise d'Albin de Valzergues avait eu trois enfants de son union avec Charles de Bremond d'Ars :

1° Josias de Bremond d'Ars, chevalier, seigneur et baron d'Ars, du Chastellier, seigneur de Gimeux, du Bouchet, de Coulonges, de Dompierre-sur-Charente, de Migré, de Luçay, chevalier de l'ordre du Roi, capitaine de Cinquante Hommes d'Armes de ses ordonnances, gentilhomme de la Chambre de Sa Majesté, colonel d'un régiment de mille hommes de pied (le régiment du Chastelier), maréchal des camps et armées du Roi, conseiller de Roi en ses conseils d'Etat et privé, député de la Noblesse d'Angoumois aux Etats-généraux du Royaume en 1614 et à l'assemblée des notables en 1626, commandant général du

____

(1) Voy : le P. Anselme ; — Dom Vialart ; — Moréri ; — La Chenaye Desbois ; — Courcelles ; — B. Filleau ; etc.

Je puis ajouter le nom de Josias Bouchard d'Aubeterre, père d'autre Jeanne Bouchard d'Aubeterre, mariée en 1618 à Charles de Volvire-Ruffec, baron d'Aunac. Marie de Volvire Ruffec, leur fille, épousa le 20 octobre 1641, François de Guitard, baron de Ribérolle, quatrième aïeul de ma mère, Mlle de Guitard Ribérolle. Presque toutes les familles nobles d'une même province se trouvaient alors alliées entre elles.

ban et de l'arrière-ban de la Noblesse d'Angoumois en
1635, né au château d'Ars en 1560, mort le 9 mai 1651, âgé
près de quatre-vingt-douze ans, ayant fait la guerre durant plus de soixante-seize ans, et assisté à vingt-deux
batailles et dix-huit sièges. Josias de Bremond d'Ars avait
épousé, par contrat passé à Montguyon le 1ᵉʳ novembre
1600, Marie de la Rochefoucauld, fille de François de la
Rochefoucauld, seigneur et baron de Montguyon et
de Montendre, lieutenant du prince de Condé, et
d'Hélène de Goullard. Son aïeul, Louis de la Rochefoucauld, fils puîné de François, comte de la Rochefoucauld,
prince de Marcillac, le parrain de François Iᵉʳ, avait
épousé en 1534, Jacquette de Mortemer, l'une des plus
riches héritières de l'Angoumois, fille de François de
Mortemer et de Françoise d'Aydie de Ribérac, et petite
fille d'Odet d'Aydie et d'Anne de Pons, vicomtesse de
Ribérac.

Celle-ci était petite-fille de Jacques, sire de Pons,
vicomte de Turenne et de Ribérac, et d'Isabelle de Foix,
qui était, par sa mère Marguerite d'Albret, petite-fille de
Marguerite de Bourbon, sœur de la reine Jeanne, femme
du roi Charles V (1) Marie de la Rochefoucauld était nièce
de Louis de la Rochefoucauld, comte de Roissac, premier
mari de Jeanne Bouchard d'Aubeterre, remariée en 1589 à
Charles de Bremond d'Ars. Elle mourut en 1621, et laissait
cinq enfants : 1° FRANÇOIS DE BREMOND D'ARS, également
appelé le baron du Chastellier, tué le 1ᵉʳ juin de cette même
année au siège de Saint-Jean-d'Angély ; 2° CHARLOTTE DE
BREMOND D'ARS, mariée d'abord à Jean Green de Saint-
Marsault, puis à Jean de Livenne ; 3° LOUISE DE BREMOND

(1) Voy. Quatre lettres inédites de Jacques, sire de Pons. La Rochelle, Noël Texier, éditeur, 1902.

d'Ars, femme de Pierre de Nossay, fils de René de Nossay et de Jeanne Hélyes de la Rochesnard ; 4° Gabrielle de Bremond d'Ars, mariée à Gabriel Gombaud de Champfleury, qui, devenu veuf, épousa en 1640, Suzanne de la Rochefoucauld. Marie Gombaud de Champfleury, petite-fille de Gabrielle de Bremond d'Ars, épousa d'abord François de la Rochefoucauld, marquis de Roissac, et en secondes noces en 1679, René, marquis de Culant, baron de Ciré ; 5° Jean-Louis de Bremond d'Ars, seigneur et marquis d'Ars et de Migré, baron du Chastellier, de Dompierre-sur-Charente, d'Orlac, etc., maréchal des camps et armées du roi, mort en 1652 des suites des ses blessures reçues en défendant la ville de Cognac contre le prince de Condé, durant la guerre de la Fronde.

Le marquis d'Ars remplissait le devoir féodal imposé au seigneur d'Ars, qui était tenu de défendre à ses dépens l'une des portes de la ville (la porte Saint-Martin) avec des hommes d'armes équipés à ses frais.

Ce devoir avait toujours été courageusement rempli par ses prédécesseurs, depuis Guillaume de Bremond, seigneur de Jazennes et d'Eschillais, son septième aïeul, tué à Crécy en 1346, et devenu seigneur d'Ars et de Balanzac par son mariage avec Jeanne d'Ars, fille et héritière de Gombaud III, seigneur des dites terres, et petite-fille de Gombaud I, baron de Balanzac et de Chadenac, et d'Isabelle de Pons (1).

(1) Les seigneurs et barons de Balanzac ne devaient au roi, que vingt jours de service, et lui rendaient hommage à cheval et armés de toutes pièces, contrairement à l'usage des vassaux ordinaires. En cas de guerre, si le château de Balanzac venait à être assiégé par des forces supérieures, « les habitants de la ville de Saintes et des îles adjacentes — dit un ancien titre — étaient obligés d'aller garder et conserver ledit Chasteau de Balanzac, et partant qu'ils ne fussent pas assez forts pour cela, doibvent, premier que de l'abandonner, y mettre le feu et ruiner entièrement ; alors le Seigneur se peult retirer et à

Guillaume de Bremond d'Ars, son fils, qui lui succéda, périt également à la funeste bataille d'Azincourt.

2° LOUIS DE BREMOND D'ARS, appelé M. du Chastellier, comme son frère aîné, sans doute pour rappeler ses ancêtres maternels, car cette importante châtellenie avait été vendue par son père.

Ce jeune homme fut tué à l'âge de seize ans, au siège de Taillebourg (septembre 1583) en défendant héroïquement le drapeau confié à sa garde. Il servait alors dans la compagnie de son beau-frère Frédéric de Beaumont. Le Père Daniel le cite dans son *Histoire de la Milice Françoise*, en exemple de la fidélité due au Drapeau ; et Jean Montgeon de Fléac, dans son *Alphabet de l'Art militaire* rapporte le sonnet composé à cette occasion par le poète La Croix-Maron, vers plusieurs fois reproduits.

> CHASTELLIER qui avoit plus de valeur que d'aage,
> Voyant à Taillebourg entrer de toutes pars
> Les ennemis tuant et forçant les rempars,
> Il desprisa la Mort, sa furie et sa rage.
>
> D'un valeureux dessein, au milieu du carnage,
> Courageux il s'eslance, et comme un jeune Mars
> Frappant et renversant, crioit : « A moy Soldats !
> « A l'honneur, au combat, monstrons notre courage »
>
> L'effort se fait plus grand, il est abandonné :
> Adonc les ennemis qui l'ont environné,
> Admirent la grandeur de son cœur indomptable.
>
> Son sang partout ruisselle... Alors dans son Drapeau
> Il fait sa sépulture. — Oh ! la mort honorable !
> Est-il plus beau mourir, ou plus riche tombeau ?

pour retraite en ceste ville. (Saintes), la tour de la Porte Aiguière. Il devait également défendre cette porte de la ville. Lorsque la guerre est finie, les habitants d'icelle sont obligés de faire rebastir le chasteau et le remettre en son premier estat ».

3° FLORENCE DE BREMOND D'ARS, mariée d'abord, le 4 juin 1583, à Frédéric de Beaumont, seigneur de Cravans, mestre de camp d'infanterie, Lieutenant du maréchal de Matignon en Guienne, fils de Gilles de Beaumont, de cette ancienne maison de Beaumont en Saintonge, aujourd'hui éteinte, issue des comtes de Beaumont-sur-Oise. Elle eut en dot 5666 écus d'or.

Devenue veuve et sans enfants, Florence de Bremond d'Ars se remaria le 10 octobre 1588, à Lancelot de Donnissan, chevalier, seigneur de Citran, chevalier d'Ordre du Roi, capitaine de Cinquante-Hommes d'Armes de ses ordonnances, dont entre autres enfants : Josias de Donnissan, gentilhomme de la chambre du Roi, mestre de camp du régiment de Bordelais, marié en 1620 à Suzanne Pasquier, fille de Nicolas Pasquier et de Suzanne de Bremond Balanzac, trisaïeul du marquis de Donnissan, grand sénéchal de Guienne, maréchal de camp, gentilhomme d'honneur de Monsieur, et qui, après avoir vaillamment combattu en Vendée, périt fusillé à Angers, le 8 janvier 1794. Il ne laissait de son mariage avec Mlle de Durfort Civrac, sœur du duc de Lorge, qu'une fille, Louise-Victoire de Donnissan, née au Louvre le 25 octobre 1772, qui devint l'héroïque épouse de deux héros, Lescure et La Rochejaquelein. Elle est morte en 1857, la dernière du nom de Donnissan (1).

4° PHILIPPE DE BREMOND D'ARS, fut appelé M. de Céré, en souvenir de son vaillant oncle, le capitaine Valzergues de Céré. C'est sous ce nom qu'il fit ses premières armes comme capitaine d'une compagnie de chevau-légers au siège d'Aix en Provence en 1593, et où son frère le baron d'Ars commandait la cavalerie du duc d'Epernon. Il y fut

(1) Courcelles, *Généalogie de Donnissan* ; — Louis Audiat, *Etude historique sur Nicolas Pasquier.*

grièvement blessé et ne dut la vie qu'à l'intrépide dévouement de son frère qui vint l'arracher des mains des assiégés qui l'avaient déjà fait prisonnier.

D'Aubigné, et, après lui, Girard, l'historien du duc d'Epernon, rapportent ainsi ce trait de bravoure du baron d'Ars.

« Le siège d'Aix fut commencé le 25 juin 1593 avec multitude d'escarmouches où les arquebuzades estoient à bon marché. »

Le 9 juillet, le chef de l'armée fut blessé et obligé de se borner à bloquer la ville.

« Pour tirer profit de son labeur, ce chef déseigna une citadelle sur le haut de la montagne qui commande la ville : et les assiégés voiiant par là qu'ils n'avoient à faire qu'à un siège de blocus, s'eschauffèrent à quelques sorties. Ils en firent une par l'hospital où aiiant trouvé en garde Ars, qui lors s'appeloit Chastellier, ils donnent à luy à pied et à cheval, estant trois fois plus forts que luy, et de fait l'enfoncent et rompent, et prirent à ce combat le cadet d'Ars qui se nommait Céré, lequel y fut estropié d'un coup de pistolet.

« Ars aïant trouvé son frère à dire au ralliement, n'eust pas plus tôt rassuré quinze des siens qu'il revint à la charge, et puis assisté de quelques survenants, congna tout ce qui estoit sorti jusque dans le tape-cul, et en fit rapporter son cadet. »

« Le mesme (Ars) porta le faix de la plus part des sorties : et sur les reproches qui se faisoient d'un parti à l'autre, luy et ses compagnons firent plusieurs défis, comme il advient souvent aux sièges de telle condition » (1).

Girard, l'historien du duc d'Espernon, raconte le même fait en ces termes :

(1) *Histoire universelle,* t. III, page 279 et suiv.

« Les ennemis entreprirent d'enlever de nuit le duc d'Espernon ou de le tuer dans son logement. Quatre cents maistres des meilleurs qu'ils eussent, estant sortys pour ce dessein, chargèrent le corps de garde à cheval, composé cette nuit-là de la compagnie de Ramefort qui fut taillée toute en pièces, et Campségué qui la commandoit, tué. D'Ars qui la devoit relever, estant heureusement survenu sur cette défaite, s'engagea au combat, et soutint si opiniâtrement et avec tant de valeur l'effort des ennemis, qu'après y avoir eu Céré, son frère, blessé et estropié de plusieurs coups, luy (Ars) porté de son cheval par terre et remonté par un de ses compagnon, il donna temps au Passage, l'un des maréchaux de camp du duc, de venir à son secours. Celui-ci fit enfin retirer les ennemis qui laissèrent plusieurs de leurs morts sur la place : mais d'Ars y perdit aussy la plus part de sa compagnie » (1).

Nous voyons ensuite le baron d'Ars à Orgon où il combattit Lesdiguières, et fut chargé de faire l'arrière-garde à la retraite que l'armée fit de Saint-Tropez sur Barjols, et y repoussa constamment le duc de Guise (2).

A cette occasion, nous remarquons encore quel est le grave inconvénient de latiniser les noms propres que l'on rend ainsi méconnaissables. L'historien de Thou en parlant de Josias de Bremond d'Ars, baron du Chastellier, le nomme *Castellerius*. Or, les historiens provençaux, en parlant du siège d'Aix et autres faits de guerre de cette époque, traduisent ce nom par *Castillon* (erreur de ces traducteurs qui n'ont pas pensé que ce dernier nom se disait *Castillo* en latin). Pierre-Joseph de Haitze, dans son histoire de la ville d'Aix (3), Nostradamus, dans son histoire et chro-

(1) Girard, *Histoire du duc d'Espernon*, t. 1, p. 363.
(2) *Idem*, p. 412 et suivant.
(3) T. III, p. 351.

nique de Provence (1), le nomment alternativement Chastellier, et plus souvent : « le gros Castillon ». En effet, Josias de Bremond d'Ars et son fils Jean-Louis étaient très gros, ainsi que le prouvent leurs portraits conservés dans la galerie provenant du château d'Ars. Un autre historien de la ville d'Aix, Jean-Scolastique Pitton (2), docteur en Sorbonne, commet la même erreur de nom ainsi qu'Honoré Bouche, docteur en théologie, prévôt de Saint-Jacques (3), et enfin M. de Saint-Cannat-Forbin dans ses mémoires publiés par la *Revue Historique de Provence* (4) et enfin un sixième historien, Papon, auteur d'une histoire de Provence.

Philippe de Bremond, mort en 1621, étant alors capitaine au régiment de Champagne, a laissé une longue postérité qui s'est éteinte en 1870, en la personne du comte Adolphe de Bremond, ancien capitaine de la garde royale, l'un des derniers chevaliers de Saint-Louis, nommé par Charle X à Rambouillet au mois de juillet 1830 (5).

*
* *

Si je me suis davantage étendu en de longs détails sur la descendance de Louise d'Albin de Valzergues, c'est que ses enfants et petits-enfants tinrent à honneur de conserver, les noms de Céré et du Chastellier portés par sa famille, même après l'aliénation de ces terres seigneuriales, et aussi en raison de sa qualité de principale héritière de ces

(1) Page 932.

(2) *Histoire de la ville d'Aix, capitale de la Provence,* livre IV, dernier chapitre.

(3) T. II, livre X, p. 775.

(4) *Revue Historique de Provence,* 1890.

(5) Voy. *Biographies Vendéennes : Le Comte Adolphe de Bremond, 1795-1870.* Niort, L. Clouzot, éditeur, un vol. in-8°, 1894

deux anciennes maisons d'Albin et de Chabanais, depuis longtemps éteintes : héritage que confirmait la coutume de Saintonge en faveur des femmes : afin, sans doute, de ne pas laisser complètement oublier le **souvenir** de leurs ancêtres.

De l'éternel oubli ne tirez pas les morts,

a dit Voltaire : je n'ai pas suivi ce mauvais conseil, bien loin delà : le lecteur a pu s'en convaincre, s'il a eu la persévérance de parcourir ces nombreuses pages, remplies des noms de ces hommes de guerre, la plupart si dévoués à leur pays et à leurs princes.

On y retrouve également le nom de leurs **vaillantes** épouses.

Dans les provinces, loin de la Cour, ces nobles femmes, à l'exemple des matrones de Rome antique, passaient leur vie dans la paix et le calme de leurs vieilles demeures héréditaires, entourées de leurs jeunes enfants et de nombreux serviteurs, veillant à tout dans cette grande solitude, pendant que leurs époux et leurs fils aînés combattaient au loin pour le service de la France et du Roi. Telle était la mère de Bayard et telles furent les plus illustres châtelaines des temps féodaux.

J'ai tenu à rappeler cette longue suite de parents et d'ayeux de Louise d'Albin de Valzergues, ma septième aïeule paternelle et ne pas laisser entièrement ignoré un nom qui eut, en tout temps, une certaine notoriété, convaincu que l'éternel oubli des morts est contraire au sentiment intime de l'âme et du cœur, et ne peut que nous enlever la douce espérance que nos descendants, à leur tour, garderont également de nous un pieux et fidèle souvenir.

Enfin, au désolant conseil du sceptique philosophe j'ai

préféré celui de l'historien Tacite : *Patrum non oblivisci nec nimium meminisse* : « Ne laissons pas en oubli la mémoire de nos pères, sans cependant nous en faire notre seul titre.» Conseil plein de sagesse qui inspirait sans doute Mgr d'Hulst, dans l'allocution qu'il adressait à l'un de mes jeunes parents dont il bénissait le mariage :

« Ce serait un sot orgueil à l'homme, né d'hier, de s'attribuer comme un mérite l'honneur qui lui revient de ses aïeux. Mais ce serait une ingratitude de dédaigner cet héritage, ce serait une lâcheté de le décliner. Si le passé a travaillé pour nous, il faut recueillir avec reconnaissance ce qu'il nous a légué, continuer avec courage ce qu'il nous transmet ».

Nous répéterons donc, après l'éloquent conférencier de Notre-Dame : Il nous faut imiter nos prédécesseurs dans tout ce qu'ils ont fait de bien et d'utile, conserver pieusement ce précieux héritage et le transmettre à notre tour, intact et agrandi, si c'est possible, à tous nos descendants.

ERRATA ET ADDITIONS

Page 52, ligne 20 : la baronnie de Cardaillac fut érigée en marquisat en 1645 et non pas en 1665.

— Dans la généalogie de la famille l'Enfant, originaire d'Anjou, La Chenaye Desbois donne pour femme à EMÉ L'ENFANT une SIBYLLE D'ALBIN, sans dire quels étaient ses parents. Elle eut trois fils qui formèrent trois branches établies en Provence au XVII⁰. L'aîné, Jean l'Enfant, posséda la vicomté de Valernes près de Sisteron et la seigneurie de Peiresc. Honoré l'Enfant, un dernier descendant de celui-ci, épousa en 1692 Julie-Antoinette Colbert, fille de Michel Colbert, intendant d'Alençon. Simon l'Enfant, troisième fils de Sibylle d'Albin, maître d'hôtel du Roi Louis XIV et trésorier général de France, fut l'aïeul d'Angélique l'Enfant mariée à Pierre-Jean de Boyer, marquis d'Argens, procureur général au parlement d'Aix.

Une branche restée au Maine posséda les seigneuries de la Patrière et de Cimbré, et s'allia aux familles de Chivré, du Plessis-Richelieu, d'Allonville, etc.

Les armes des branches de Provence étaient : *d'or, à trois fasces de gueules, à la bordure componée de dix pièces, or et gueules.*

Nous ignorons de quelle branche d'Albin cette Sibylle d'Albin était issue.

Page 136.

La famille de Chambord ou Chambort, originaire du Bourbonnais, et qui paraît aujourd'hui éteinte, portait pour armes : *De gueules, à trois molettes d'éperon d'argent, 2 et 1.*

Elle fut maintenue dans sa noblesse à Moulins, les 14 avril 1667, et 25 novembre 1669. (Voy. Note de M. Théodore Courteaux dans la *Revue des Questions héraldiques*, t. VII, p. 366.)

L'ancienne *Gazette de France* mentionne plusieurs officiers de ce nom tués à l'armée dans la guerre de Lorraine, et le mariage du comte de Chambort, gentilhomme d'honneur du comte d'Artois et mestre de camp du régiment de Turenne-infanterie avec Gabrielle de Polignac : contrat du 14 juillet 1786, signé à Versailles par le roi et la famille royale.

Page 174. Mᵐᵉ de Lucinge est morte en 1836, *lisez* : en 1886.

Page 207.

Jean-Louis de Bremond, marquis d'Ars, mort en 1652, en défendant la ville de Cognac contre le prince de Condé, avait épousé en 1630, Marie de Verdelin, de cette ancienne maison originaire du comtat Venaissin dont nous avons déjà parlé page 53 et suivantes. Elle était fille de Jacques de Verdelin, seigneur d'Orlac-sur-Charente, gentilhomme ordinaire de la chambre du roi, lieutenant de la compagnie d'ordonnances du duc d'Epernon, et lieutenant-colonel du régiment de Navarre, mort en 1630 à la guerre de Piémont. Il était fils de Jean de Verdelin et d'Isabeau de Montbéton.

La marquise d'Ars avait, durant le siège de Cognac, vaillamment porté secours aux assiégés. Voici ce que dit dans l'histoire de cette ville son savant auteur F. Marvaud :

« Marie de Verdelin naquit à Cognac en 1609. Quelques mois après le siège de Cognac, elle perdit son mari, mort à la suite de blessures reçues en défendant la ville. Elle mourut au château d'Orlae, le 3 octobre 1687, et fut inhumée dans l'église d'Ars. Durant le siège de Cognac, plusieurs petits détachements de l'armée du prince de Condé parcouraient la campagne, mais le château d'Ars, occupé par une faible garnison de l'armée royale, avait refusé d'ouvrir ses portes.

Marie de Verdelin, qui sût allier à un grand courage toutes les vertus chrétiennes, fit respecter sa demeure, pendant que son mari se faisait remarquer dans la belle défense de Cognac. Plusieurs fois, pendant le siège, elle parvint à faire passer des vivres et des secours aux assiégés » (1).

Le fils aîné de Marie de Verdelin, Josias, marquis d'Ars, fut tué au combat de Montanceix en 1652, en défendant, comme son grand-oncle à Taillebourg, le drapeau confié à sa garde ; et Pierre de Bremond d'Ars, appelé le marquis de Migré, son frère puîné, blessé mortellement au même combat, fut fait prisonnier par le colonel Balthasar et mourut peu de temps après. Jacques, troisième fils de Jean-Louis, épousa Marie de la Tour Saint-Fort et fut l'auteur de la branche des marquis d'Ars, éteints en 1779, et Jean-Louis de Bremond, le quatrième enfant du marquis d'Ars, épousa sa cousine germaine, Antoinette de Verdelin et

(1) F. Marvaud, *Etudes historiques sur la ville de Cognac*, t. II, p. 211. — Voir aussi *La Fronde en Angoumois*, par P. de Lacroix.

fut l'auteur de la branche d'Orlac, actuellement l'aînée de la maison de Bremond d'Ars.

Page 209.

Mme de la Rochejaquelein a laissé six filles, Mmes là vicomtesse d'Albertas, la baronne de la Riboisière, la comtesse de Foucauld, la marquise de Chauvelin, la marquise de Malet et la comtesse de Pontac, et un fils, Henri de Rochejaquelein, pair de France en 1815, mort en 1867, laissant un fils, décédé sans postérité, le dernier de son nom, et une fille Mme la comtesse Aimery de Rochechouart, mère de M. le comte Géraud de Rochechouart et de Mme la comtesse d'Arlot de Saint-Saud.

Dans une lettre adressée le 12 janvier 1811, à M. le comte Pierre de Bremond d'Ars, au sujet de la mort de la marquise de Verdelin (Madeleine de Bremond d'Ars), Mme de la Rochejaquelein rappelait les doubles liens qui unissaient les noms de Donnissan, de Lescure, de la Rochejaquelein et de Bremond d'Ars :

« ...Je vous prie de recevoir mes sincères compliments de condoléances de la perte que vous venez de faire de Madame de Verdelin. Je suis très flattée de ce que vous me mandez à l'occasion des liens de parenté qui unissent nos maisons.

Nous réclamons parenté avec la vôtre de tous les côtés, car non seulement les Donnissan, mais les Lescure et les Larochejacquelein ont eu des alliances avec Messieurs de Bremond. Nous désirons vivement que d'heureuses circonstances nous mettent à portée d'unir à ces titres de parenté ceux d'amitié, et nous vous prions de croire au prix que nous y attachons... etc. »

DONNISSAN DE LA ROCHEJACQUELEIN.

Mme de la Rochejaquelein faisait allusion à la branche de Bremond de Céré. Louise de Bremond, fille de Philippe de Bremond de Céré, épousa en 1649, Jean de la Cassaigne, marquis de Saint-Laurent ; Françoise de la Cassaigne, sa fille, s'allia en 1682 à François de Granges de Surgères, marquis de Puyguyon et de la Flocellière, lieutenant-général des armées du roi, grand'croix de Saint-Louis, dont deux filles : la marquise de Lescure et la marquise de la Rochejaquelein, aïeules des deux héros de la Vendée.

PRINCIPALES ALLIANCES

DE LA MAISON D'ALBIN DE VALZERGUES

(Les noms des familles directement alliées sont précédés d'un astérisque).

POSSESSIONS FÉODALES

DE LA

MAISON D'ALBIN DE VALZERGUES

Par son testament de l'an 961, le comte Raymond avait légué aux enfants issus de son union avec la fille du Chevalier Odoin, d'abord l'important château-fort d'Albin, (aujourd'hui la ville d'Aubin, d'une population de dix mille habitants, dans l'arrondissement de Villefranche-de-Rouergue). Il y avait joint cinq aleus avec chacun leur église ; savoir : Cransac, commune du canton d'Aubin ; Sineuil (*Sinolhio*) ; Brandonnet, Compolibat (*Campolivado*), Privezac (*Perizedo*) actuellement communes du canton de Montbazens, en y ajoutant l'aleu d'Albarède de Saint-Amans, près Espalion.

Dans la branche aînée nous relevons les noms de Seigneuries suivants :

Anglars (commune du canton de Rignac), Moyrazês (commune du canton de Rodez), Valzergues, Naussac, Galgan (communes du canton de Montbazens), Auzits et Viviès (communes du canton d'Aubin), Le Puech de Garcang, L'Auzeral et La Ranque (commune de Rulhe), Cahuac (près Aubin), Le Verdié, La Selve, La Bosmétrie, Graline, La Tricherie, Le Garric, Saint-Geniez-de-Rodez (en partie), La Treilhe, Boscaméjà, Campels, La Salle-de-Gamèle, Clausesvignes, Saunhac, Cadour, La Vallière, etc.

Puis, en Poitou et en Angoumois ; Saulgé et Béceleuf, (près Lusignan), Boissec en Exoudun (Deux-Sèvres), La Magdeleine-lès-Mirebeau, La Sipière (canton de Mansle, Charente), etc.

En Querey, Branche d'Albin Pélegri, barons du Vigan : Le Vigan (com. de l'arrondissement de Gourdon) ; Ussel. Nadilhac et La Mothe-Cassel (communes du Lot), Farges, Saint-Sauveur, Senailhac, Domenac, etc.

Dans la branche d'Auvergne :

Belvezaix (commune d'Antérieux, Cantal), l'Hospital, La Prade, Les Châliers, Saint-Paul-des-Landes, etc.

Dans les branches du Berry et de Touraine :

Céré (commune de Saint-Hilaire-de-Benaize, Indre), Le Chastellier (canton de Bléré, Indre-et-Loire), Le Coudray-d'Arciou, Paray, Launay, Razay, Loigny et Pellevoisin (en partie), Souvolle, Villeneuve, Les Granges, Le Guay (commune de Crevant, près Sainte-Sévère), Le Virollant (près La Châtre), Le Peud'hun, La Chassaigne, Font-Didier, Couchin, La Grange-d'Orcenay, Comporté-sur-Charente, etc.

TABLE ANALYTIQUE DES CHAPITRES

au combat de Charenton, sous la Fronde. Sa veuve se marie au duc de Mecklembourg-Schwerin : ce que rapporte Saint-Simon sur sa mort, p. 166, 167. — Henriette de Coligny, fille aînée d'Anne de Polignac, connue sous le nom de comtesse de la Suze parmi les précieuses et les plus célèbres femmes auteurs de son époque, p. 168 et suiv. — Anne de Coligny, sa sœur, épouse en 1648 le duc de Wurtemberg-Montbéliard, p. 170. Sa postérité, p. 171 et suiv. — Longs procès à la mort de son fils le duc Léopold-Eberhard qui laisse plusieurs enfants de diverses unions morganatiques, p. 172 et suiv. — Le nom de Coligny transmis à la comtesse de Sandersleben et puis aux familles de Faucigny de Lucinge et de Pillot de Chenecey, p. 174 et suiv. — Représentants actuels de ces deux familles, descendant ainsi d'Anne d'Albin de Valzergues, p. 174 et suiv. — Les duchesses de Wurtemberg-Oëls et de Wurtemberg-Weitlingen, comme la princesse d'Antalt-Zerbst, décédées sans postérité, p. 177, 178.

CHAPITRE XII.— Le Capitaine Valzergues de Céré; sa naissance, ses prénoms, p. 178. — Il figure dans l'histoire des guerres religieuses à partir du combat d'Arnay-le-Duc en 1570, avec les capitaines Saint-George-Vérac, Chouppes et René Hélyes de la Rochesnard, son oncle, p. 179 et suiv. — Siège de Lusignan en 1574.— Le capitaine Valzergues se trouve opposé à son beau-frère Charles de Bremond, baron d'Ars, combattant dans l'armée royale, p. 181, 183. — Le vicomte de Rohan lui assigne un quartier de la ville assiégée, avec obligation de le défendre. — Courses et sorties audacieuses, p. 184, 185. — Combat du 18 novembre ; récit d'après l'historien de Thou, p. 186. — Mort de Jean de Coüesmes, baron de Lucé, parent de Valzergues, p. 188. — Après une résistance désespérée et faute de vivres, Lusignan obligé de capituler ; récit de d'Aubigné, p. 190. — Valzergues retourne à la Rochelle auprès du prince de Condé qui l'envoie au secours de Marans assiégé par le duc de Mayenne, p. 191. — Les Réformés abandonnent cette ville. Valzergues revient encore à la Rochelle. Son duel avec La Popelinière, p. 192. — Le prince de Condé lui confie alors le commandement de douze cents hommes pour aller au secours de La ville de Brouage, p. 194. — Hardi coup de main de ce capitaine à Saint-Just et Saint-Aignan. Récit de d'Aubigné et de Thou sur les dernières tentatives des assiégés. Discours du brave

Valzergues à ses compagnons avant d'effectuer une audacieuse sortie, p. 195 et suiv. — Sa mort héroïque, p. 198 et suiv. — Capitulation de Brouage, p. 200. — L'historien allemand Laurent Surius reconnaît que la mort de Valzergues de Céré « jeune gentilhomme de grand cœur », acheva d'abattre le courage des assiégés, p. 201.

CHAPITRE XIII. — Postérité de Louise d'Albin de Valzergues, sœur aînée du capitaine Valzergues, épouse de Charles de Bremond, baron d'Ars, p. 202. — Les noms de Céré et du Chastellier, portés par ses petits enfants, p. 205.

Conclusion de cette étude sur une famille féodale éteinte et oubliée depuis plus d'un siècle, p. 212.

ANNUAIRE DE LA NOBLESSE DE FRANCE, fondée en 1848 par le Vte Révérend ; paraît chaque année et donne l'état des maisons souveraines, **ducales et princières** ; des généalogies ; une revue héraldique des parlements, des conseils généraux, de l'armée, de la marine, etc..., les naissances, les mariages et décès survenus chaque année ; la jurisprudence nobiliaire, etc. etc., **avec de nombreux blasons**. Dernière année parue, 1904. 10 fr.

Nous avons en magasin et nous pouvons fournir séparément toutes les années que l'on voudra bien nous demander de l'*Annuaire de la Noblesse*.

Belleval (de). Nobiliaire de Ponthieu et de Vimeu. 1876, in-4°, 936 pages à deux colonnes, papier vergé. 10 fr.

Bonald (Vte de). Documents généalogiques sur des familles du Rouergue, 1903, gr. in-8° de 450 p. 7 fr. 50

Cet ouvrage, qui fait suite aux documents publiés par M. de Barrau, renferme près de 150 notices généalogiques sur des familles du Rouergue et qui ont résidé dans cette province. On y trouve une étude absolument neuve sur la législation des titres nobiliaires, sur les rectifications, additions et changements de noms et sur la particule dite Nobiliaire.

Du Roure. Recherches de Noblesse faites en Provence par Pierre Cardin Le Bret, premier président au Parlement (1696-1718). 1901, in-8, br. 7 fr.

Grandmaison (Louis de). Essai d'armorial des artistes français, XVIe-XVIIIe siècles. Lettres de noblesse. Preuves pour l'Ordre de Saint-Michel. Peintres, sculpteurs, graveurs, Architectes, ingénieurs civils et militaires, employés de l'administration des bâtiments, fondateurs, entrepreneurs, etc. 1905. 2 fort vol. in-8°. 10 fr.

Précieux répertoire.

Hozier (d'). Armorial général de France. Recueil officiel dressé en vertu de l'édit de 1696, Généralité de Bourgogne, pu-

bliée par H. Bouchot, 1875, 2 vol. in-8° (*épuisé*). 10 fr.

Ce Recueil officiel donne le nom des familles nobles, la description des armoiries de la noblesse, des communautés, des abbayes, des corporations ouvrières, etc., pour la Généralité de Bourgogne comprenant les bailliages de Dijon, Bar-sur-Seine, Belley, St-Rambert, Mâcon. De copieuses tables facilitent les recherches.

Hozier (d'). L'Impot du sang ou la Noblesse de France sur les champs de Bataille, par d'Hozier, publié sur le manuscrit unique de la bibliothèque du Louvre, brûlée le 23 mai 1871, avec notes, éclaircissements historiques et généalogiques, 1874-1881, 6 vol. in-8°, br. 30 fr.

Biographie succincte des représentants de l'ancienne noblesse militaire française. Les noms, prénoms, indications des blessures, champs de bataille forment le fond de ces notices. Ajoutons que la plupart de ces détails manquent dans les autres généalogies. Importante contribution pour l'histoire militaire et généalogique.

(Isnards). Les anciennes familles de Midi. Les Isnards. Notices historiques et généalogiques, rédigées d'après des documents originaux, accompagnées de blasons et de tableaux généalogique par de Rozière, in-4°, br., *blasons en couleur et tableaux généalogiques*. 30 fr.

Non mis dans le commerce. Très important pour les familles du Midi. La famille des Isnards, si ancienne dans le Midi, compte des alliances dans le comté Venaissin, la principauté d'Orange, le Dauphiné, Languedoc, Ile de France, Haute et Basse Provence, etc. Une précieuse table des noms de famille et de seigneuries accompagne ces curieuses généalogies augmentées de tableaux et de descriptions d'armoirie.

Jaurgain (Jean de). **La Vasconie.** Etude historique et critique sur les origines du royaume de Navare, du duché de Gascogne, des comtés de Comminges, d'Aragon, de Foix, de Bigorre, d'Alava et de Biscaye, de la vicomté de Béarn et des grands fiefs du duché de Gascogne, 1902, 2 part. en 2 vol in-8°. 30 fr.

On sait la pauvreté de tout le Sud-Ouest en sources narratives. Nous possédons surtout des généalogies. M. de Jaurgain a tenté avec succès le classement de ces documents, très difficiles à critiquer, mais qui intéressent au plus haut point toutes les anciennes familles de ce Pays.

La Roque (Louis de) et **E. de Barthélemy**. Catalogue des gentil-hommes qui ont pris part ou envoyé leur procuration aux Assemblées de la Noblesse en 1789, pour la nomination des députés des Etats Généraux. Publié d'après les documents officiels, par MM. de La Roque et E. de Barthélemy. — Prix de chaque Catalogue ou province (sauf épuisés) 2 fr. ; par poste. 2 fr. 25

Le Brun (Eugène). LES ANCÊTRES DE LOUISE DE LA VALLIÈRE. Généalogie de la Famille de la Baume le Blanc, d'après des documents inédits, 1903, in-8°, br. *Planches hors texte*, tableaux généalogiques, fac-similes d'autographes. 7 fr. 50

Piton. Les Lombards en France et à Paris, *Paris*, 2 vol. in-8°. 13 fr.

Très important ouvrage pour l'histoire des familles financières.

Révérend (Vicomte). *Les familles titrées et anoblies au XIXe siècle.* **Armorial général du premier Empire**, 4 vol. in-4 de 1450 p. 100 fr.

L'Armorial du 1er Empire, publié par le vicomte Révérend, d'après les archives du Sénat conservateur, et les documents mis à sa disposition, a donné la nomenclature très complète, par ordre alphabétique des noms de famille, de tous les titres conférés par Napoléon 1er par lettres patentes ou décrets impériaux (non suivis de patentes) de 1808 à 1815, ainsi que des notices historiques sur les états de service et la descendance jusqu'à nos jours de la plupart d'entr'eux, avec les dotations accordées par l'Empereur et les majorats autorisés.

Cet ouvrage qui forme 4 volumes gr. in-8° (de 1450 pages de texte), fournit ainsi la description de toutes les armoiries accordées à 3,300 titulaires de titres impériaux.

La publication de ces documents qui donnent des renseignements sur tous les principaux personnages de la Révolution et du premier Empire, forme un ensemble absolument inédit sur leur biographie, leur famille et leur descendance. C'est en quelque sorte le dictionnaire biographique le plus utile à consulter sur cette époque, en même temps que le complément indispensable de tous les mémoires publiés dans le cours de ces dernières années ; sa place est donc marquée dans toutes les bibliothèques historiques.

Renesse (Théodore de). DICTION-NAIRE DES FIGURES HÉRALDIQUES, 1894-1903, 7 vol. gr. in-8°, br. à 2 colonnes. 150 fr.

L'auteur offre au public un catalogue raisonné de toutes les figures contenues dans les 105,000 descriptions d'armoiries de l'*Armorial Général* de Rietstap. Il a classé méthodiquement toutes les figures héraldiques avec des subdivisions donnant les noms de toutes les familles portant dans leur écusson la figure cataloguée. Ce livre est indispensable à l'archéologue, aux collectionneurs de tout genre et permet l'identification très rapide de toutes les armes.

Répertoire des livres et manuscrits généalogiques, héraldiques et nobiliaires de la librairie H. Champion, maison spéciale fondée à Paris en 1874, 88 p. in-8° à 2 colonnes, près de 3,000 numéros. 1 fr.

Véritable complément et supplément à la *Bibliothèque Héraldique*, de Guigard.

Rietstap (J.-B.) **Armorial général** ; précédé d'un dictionnaire des termes du blason. *Deuxième édition*, refondue et augmentée. 2 vol. in-8° à 2 col. (1149 et 1316 pages, gr. in-8° et 7 planches d'armoiries). 100 fr. Net. 80 fr.

Cette seconde édition est entièrement refondue et le texte doublé. La première édition ayant donné la description de plus de 46,000 armoiries, la deuxième en contient 105.000.

Saint-Allais (de). **Nobiliaire universel de France**, ou recueil des maisons nobles du royaume de France, par M. de SAINT-ALLAIS, 1872, plus un volume de supplément, ensemble 41 parties, in-8°, br. 60 fr.

Ce nobiliaire est certainement le plus important et le mieux fait qui ait été publié en France depuis le commencement du siècle ; commencé par l'abbé Lépine, fondateur de l'Ecole des Chartes, continué par M. Lacabane lorsqu'il fut nommé au cabinet des Titres, à la Bibliothèque royale, le nom de Saint-Allais ne peut venir qu'en troisième ligne, bien qu'il ait signé seul le livre.

La réputation de M. Lacabane comme généalogiste est européenne ; toutes les généalogies publiées dans l'Armorial de Saint-Allais, appartenant à la France méridionale, sont dues à ses recherches. Personne plus que M. Lacabane, et ce est encore l'opinion de ceux qui ont eu l'avantage de le connaître, n'a eu ce talent incomparable de faire parler les documents généalogiques. On ne l'oubliera jamais au cabinet des Titres, où ces connaissances et sa mémoire rendirent d'incomparables services. Les généalogies qu'il a publiées dans le nobiliaire de Saint-Allais sont des modèles d'érudition et de critique.

Vindry (Fleury). Dictionnaire de l'Etat-Major au XVIe siècle. Gendarmerie, 1903, in-8° (notices et in-4° (tableaux), les 2 vol. 12 fr.

Travail très important pour l'étude des familles militaires du XVIe s. Ce livre est le résultat d'un dépouillement méthodique de toutes les montres et revues de la B. N.